Dialogtraining Spanisch

Für alle Lernjahre

von
Cristina Collado
Ute Melenk

Ernst Klett Verlag
Stuttgart · Leipzig

Dialogkarten (mit Lösungsvorschlägen)

Rollenkarten

14	Robo en la tienda	einen Ladendiebstahl aufklären	B1	Bd.4	Bd.3
15	En la discoteca	über den Eintritt in die Diskothek verhandeln	B1	Bd.4	Bd.3
16	El regalo	sich auf eine gemeinsame Neuanschaffung einigen	B1	Bd.4	Bd.3
17	Trabajo nuevo	sich um eine Stelle bewerben	B1	Bd.5	Bd.3
18	Día libre	einen freien Tag planen	B1	Bd.5	Bd.3
19	Problemas de amor	über Beziehungsprobleme reden; Ratschläge geben	B1	Bd.5	Bd.3
20	Batería nueva	den Kauf eines neuen Schlagzeugs diskutieren	B1	Bd.5	Bd.3
21	En Madrid	ein Wochenende in Madrid planen	B1	Bd.5	Bd.3
22	Mi gran fiesta	eine große Geburtstagsparty planen	B1	Bd.5	Bd.3
23	Bienvenidos a Andalucía	das Für und Wider verschiedener Übernachtungsmöglichkeiten diskutieren	B1	Bd.5	Bd.3
24	Necesitamos dinero	Finanzierungsmöglichkeiten einer Klassenfahrt besprechen	B1	Bd.5	Bd.3

Diskussionskarten

Nr.	Titel	Schwerpunkt	GeR	Lernjahr
1	Un proyecto ecológico	über ein Umweltprojekt im Amazonasgebiet diskutieren	B2	Oberstufe
2	La inmigración	über Vor- und Nachteile der Legalisierung illegaler Immigranten aus Lateinamerika sprechen	B2	Oberstufe
3	El consumo de drogas	die Legalisierung des Marihuanakonsums erörtern	B2	Oberstufe
4	Religión y educación	über die Vor- und Nachteile des staatlichen Bildungssystems sprechen	B2	Oberstufe
Argumentar y expresar la opinión			B2	Oberstufe

Dialog- und Diskussionskarten – Methodische Hinweise von Ute Melenk

Mit Dialogkarten zum erfolgreichen dialogischen Sprechen im Spanischunterricht.

Der Einsatz von Dialogkarten im Spanischunterricht macht den Lernenden erfahrungsgemäß viel Spaß.
Die farbigen Karten funktionieren nach dem Prinzip des Interviews: Partner A besitzt Informationen, nach denen Partner B mittels vorgegebener Fragebausteine gezielt fragt. Durch dieses Verfahren führt der Einsatz der Karten zu wirklich kommunikativen Gesprächssituationen, d.h. zu Dialogen, in denen auch tatsächlich eine Informationsvermittlung stattfindet. Die Lernenden haben die Aufgabe, aus Satzbausteinen passende Sätze und Phrasen zu formulieren, was oftmals grammatisches Know-How in ganz bestimmten Bereichen erfordert.
So wird beispielsweise aus den Bausteinen *¿cuándo* ★ *los árabes* ★ *conquistar* ★ *la Península Ibérica?* die Frage gebildet *¿Cuándo conquistaron los árabes la Península Ibérica?* unter Verwendung des pretérito indefinido.
Die grammatischen Schwerpunkte ergeben sich aus den kommunikativen Anforderungen der einzelnen Gesprächsanlässe. So verlangt z.B. das Sprechen über spanische Geschichte die Verwendung der Vergangenheitstempora.
Die 24 Kartenpaare in der Heftmitte können herausgetrennt und an die Schüler verteilt werden. Der Schwierigkeitsgrad kann dabei durch die Progression der Kartenpaare (s. Inhaltsverzeichnis) variiert werden.
Ein kontinuierlicher unterrichtsbegleitender Einsatz der Karten, etwa als ritualisierter Stundeneinstieg, ist ebenfalls möglich, indem man die einzelnen Kartenpaare sukzessive für alle Lernenden kopiert und verteilt.
Die handlichen und übersichtlichen Karten bieten den Lernenden einen motivierenden visuellen Impuls.

Diskussionskarten – wortgewandt die eigene Position vertreten

Ziel der Diskussionskarten ist es, die Lernenden in der Bewältigung von Sprechsituationen zu trainieren, die es erfordern, die eigene Meinung zu äußern und argumentativ zu vertreten. Neben den für das Abitur typischen Aufgaben, wie dem *comentario*, sind es auch vielfältige Alltagssituationen, die die genannten kommunikativen Fertigkeiten erfordern.
Die Diskussionskarten enthalten vier verschiedene Situationen mit je drei Sprecherrollen für die Pro- und drei für die Contra-Seite.
Für einen optimalen Lerneffekt ist es günstig, Sprechsituationen zu schaffen, in denen die Lernenden den Erwerb und die Verwendung neuer Redemittel aus eigenem Antrieb anstreben. Eine gewisse Identifikation wird in der Arbeit mit den Diskussionskarten dadurch erreicht, dass die Schüler in die von ihnen gewählten Rollen schlüpfen, diese entwickeln und ausbauen, d. h., dass sie auf der inhaltlichen Ebene Argumente sammeln und auf der sprachlichen die dafür passenden Wendungen suchen. Dies kann gut in Form von vorbereitender Gruppenarbeit geschehen, sodass beispielsweise drei bis fünf Schüler die Position einer Rolle erarbeiten und sich dabei gegenseitig helfen. So wird bekannter Wortschatz umgewälzt und neuer gesammelt, beides in Verbindung mit einem thematischen Zusammenhang und einem auch emotionalen Bezug der Schüler zum Ganzen.
Zwei der Diskussionskartenpaare sind hypothetische Situationen, deren Themen die Lebenswirklichkeit der Lernenden betreffen (Schulpflicht, Umgang mit Drogen) und dadurch Meinungsbildung und Identifikation mit der gewählten Rolle fördern. Die beiden anderen Kartenpaare greifen zentrale Themen des Spanischunterrichts auf (Migration in Spanien, Umweltschutz / Wirtschaft in Lateinamerika).
Für die Diskussion selbst sind verschiedene Modelle denkbar:

- als Fishbowl-Diskussion, d. h., 6–7 Lernende diskutieren, die anderen bekommen einen Beobachtungsauftrag für eine anschließende Besprechung (Rollenausübung bewerten, Argumente ergänzen oder entkräften, …);
- alternativ könnte die restliche Klasse als fragendes Publikum direkt intervenieren;
- jede Rolle kann mehrfach besetzt werden;
- Lernende, die dieselbe Rolle erarbeitet haben, wechseln sich während der Diskussion ab.

In jedem Fall bietet es sich an, mindestens eine Moderatorenrolle erarbeiten zu lassen, damit die Steuerung der Diskussion nicht in Lehrerhand bleibt. Hilfreiche Redemittel zur Meinungsäußerung und für die Moderation der Diskussionen finden sich im Anschluss an die Diskussionskarten.

Rollenspielkarten – Methodische Hinweise
von Cristina Collado Revestido

Mit Rollenspielkarten reale Konflikte im Dialog lösen

Die vorliegenden Rollenspielkarten verbinden Lebenswirklichkeit mit spielerischem Agieren. Im Rollenspiel werden reale Situationen, Probleme oder Konflikte nachempfunden oder vorausschauend bearbeitet.
Ziel eines Rollenspiels ist das soziale Lernen, das Einstellungen und Verhaltensweisen deutlich werden lässt und Ansatzpunkte für Veränderungen aufzeigt. Dies geschieht dadurch, dass spielerisch Realität simuliert wird und ein Probehandeln stattfindet, das in der Realität ohne Folgen bleibt.
Diese Methode des kooperativen Lernens ist besonders vorteilhaft für die Entwicklung unterschiedlichster Kompetenzen im Sprachunterricht, da sie verschiedene Lernformen miteinander verbindet. Menschliches Lernen ist immer die individuelle Konstruktion von Weltsicht. Neues Wissen wird in ganz individueller Form aufgenommen und in bereits vorhandene Wissensbestände integriert. Deshalb muss Unterricht auf der einen Seite Raum für die individuelle Auseinandersetzung jedes einzelnen Lernenden mit dem Lerngegenstand lassen (Einzelarbeit). Andererseits ist der Mensch als soziales Wesen immer bestrebt, die eigenen Lernprozesse mit denen seiner Mitlernenden abzugleichen bzw. durch und von diesen zu lernen (Ko-Konstruktion von Wissen). Deshalb muss effizienter Unterricht auch dafür Möglichkeiten eröffnen. Methoden kooperativen Lernens tun genau dies.

Die vorliegenden 24 Kartenpaare sind für die Niveaus A2+ bis B1 konzipiert und behandeln ganz unterschiedliche Situationen. Diese betreffen die Themen Schule, Familie, Freunde, Freizeit … – Themen, mit denen die Schüler vertraut sind. Partner A und B erhalten als Diskussionsgrundlage die gleiche Rahmensituation, allerdings mit unterschiedlichen Standpunkten und Wünschen, die zu einem Konflikt führen. Die Partner lesen ihre jeweilige Situationsbeschreibung zuerst alleine durch, planen dann ihre Vorgehensweise und überlegen sich danach die dazu passenden Argumente, Vorschläge oder Fragen. Anschließend versuchen die Gesprächspartner, gemeinsam einen Kompromiss zu finden.

1 ME GUSTA

LÖSUNG

Lösungsvorschlag

B ¿Te gusta escuchar música?
A Sí, me gusta. ¿Te gusta nadar en el mar?
B Sí, me gusta. ¿Te gusta la playa?
A No, no me gusta. ¿Te gustan los juegos de ordenador?
B No, no me gustan. ¿Te gustan los libros?
A Sí, me gustan. ¿Te gustan los helados?
B Sí, me gustan.

2 CURSO DE ESPAÑOL

LÖSUNG

Lösungsvorschlag

B ¿Qué podemos aprender en la academia?
A Hay cursos de español.
B ¿Es Valencia una ciudad interesante?
A Sí. Hay museos, monumentos y tiendas bonitas. También hay una playa y hay discotecas.
B ¿Cuándo son los cursos?
A Son en junio, julio y agosto.
B ¿Hay muchos alumnos en un curso?
A Aquí dice que hay un profesor para seis alumnos.
B ¿Tienes la dirección de la academia?
A Sí, la dirección es: Calle de Balmes, 45
46001 Valencia
B ¿Hay una dirección de correo electrónico también?
A Sí, es albufa@cursos.es.
B ¿Qué dices? ¿Hacemos un curso?
A Vale.

3 LA FAMILIA

LÖSUNG

Lösungsvorschlag

B ¿Cómo se llama tu abuelo?
A Se llama Juan.
B ¿Y cómo se llama tu tío?
A Mi tío se llama Alfonso.
B ¿Cómo se llaman tus hermanas?
A Mis hermanas se llaman Inés y Olga.
B Y tu hermano, ¿cómo se llama?
A Mi hermano se llama Julio.
B ¿Eres Raúl?
A Sí, soy Raúl.

4 PRESENTARSE

LÖSUNG

Lösungsvorschlag

B ¿Cómo te llamas?
A Me llamo Víctor Campos Tejero / Ana Campos Tejero.
B ¿De dónde eres?
A Soy de Toledo.
B ¿Cuántos años tienes?
A Tengo 13 años.
B ¿Tienes hermanos / un hermano / una hermana?
A Sí, tengo una hermana.
B ¿Cómo se llama (tu hermana)?
A Se llama Maribel.
B ¿Me puedes dar tu / vuestro número de teléfono?
A Es el nueve dos cinco veintitrés diecisiete.
B ¿Y tu dirección?
A Vivo en la calle Horno de los Bizcochos cuatro, cuarenta y cinco cero cero uno Toledo.

5 LA HABITACIÓN

LÖSUNG

Lösungsvorschlag

B ¿Dónde está el armario?
A Está al lado de la ventana.
B ¿Y dónde está el sillón?
A Está delante del armario.
B ¿Dónde está la estantería?
A Está al lado de la puerta.
B ¿Y dónde está el escritorio?
A Está entre la estantería y el armario.
B ¿Dónde está la lámpara?
A Está en el escritorio.
B ¿Y dónde están los pósteres?
A Están encima del escritorio.
B ¿Puedo ver el dibujo de tu habitación?
A Sí, mira. Ésta es mi habitación.

6 UN RESTAURANTE

LÖSUNG

Lösungsvorschlag

B ¿Cómo se llama el restaurante?
A Se llama Don Pepito.
B ¿Qué hay para comer?
A Hay de todo. Por ejemplo hay paella, bocadillos y también hay refrescos.
B ¿Es caro?
A No, no es caro. Puedes comer una paella con un refresco por 7 euros o un bocadillo con un refresco por 5 euros.
B A mí me gusta comer tarde. ¿Hasta qué hora está abierto el restaurante?
A Hasta las doce de la noche / la medianoche.
B ¡Genial! ¿Dónde se encuentra / está el restaurante?
A En la Calle Colón, 24.
B ¿Está el número de teléfono?
A Sí, es el nueve-tres-cuatro-ocho-siete-ocho-cinco.
B ¡Guay! ¿Llamamos?

7 PERSONAS

LÖSUNG

Lösungsvorschlag

B ¿Marta tiene el pelo largo?
A Sí, tiene el pelo largo.
B ¿Elena tiene el pelo largo también?
A No, Elena no tiene el pelo largo, tiene el pelo corto.
B ¿Elena lleva una falda?
A No, Elena lleva vaqueros.
B ¿La chica número dos es Elena?
A Sí, correcto.
B ¿Marta lleva una falda verde?
A Sí, así es.
B Entonces, la chica número tres es Marta y la chica número uno es Julia, ¿verdad?
A Sí, así es.

8 EL CAMINO

LÖSUNG

Lösungsvorschlag

B Perdona, estoy en la Calle de los Álamos. ¿Para llegar al supermercado?
A Mira, tomas la segunda calle a la izquierda. Pasas el colegio y sigues todo recto. Al lado derecho está el supermercado.
B ¿Cómo? Puedes repetir, por favor?
A Sí, claro. Tienes que tomar la segunda calle a la izquierda.
B ¿Y luego?
A Pasas el colegio.
B Muy bien. ¿Y después?
A Sigues todo recto. Al lado derecho está el supermercado.
B Gracias.
A De nada. Adiós.

9 UNA MARISQUERÍA

LÖSUNG

Lösungsvorschlag

B Hola Nina, soy Marco. ¿Dónde estás?
A Hola Marco. Estoy en una marisquería con mi familia.
B ¿Una marisquería? ¡Qué guay! ¿Qué estás comiendo?
A No estamos comiendo todavía.
Mi padre está pidiendo las bebidas y mi madre todavía está leyendo la carta.
B Y tú ya tienes hambre, ¿verdad?
A ¡Claro que sí! Tengo hambre.
B ¿Qué está haciendo tu abuela Teresa?
A Está tomando un vaso de vino y se está quejando del camarero.
B ¿Y por qué se está quejando de él?
A Porque todavía no ha traído las tapas.
B ¿Tu hermanito Pepe no está aburrido?
A No, está dibujando un centollo.
Hemos traido sus lápices de color.
B Bueno Marco, hasta mañana.

10 UNA RECETA

LÖSUNG

Lösungsvorschlag

B Oye, ¿qué quieres cocinar?
A Quiero hacer una tortilla de patata.
B Muy bien. ¿Qué necesitamos para eso?
A Necesitamos patatas, una cebolla, cuatro huevos y aceite.
B ¿Y cómo preparamos la tortilla?
A Primero pelamos las patatas y la cebolla.
Tenemos que cortar todo en trocitos. Segundo freímos todo con bastante aceite en una sartén.
Luego, batimos los huevos, sacamos las patatas de la sartén y las mezclamos con los huevos batidos.
Entonces freímos la tortilla. Después de unos minutos le damos la vuelta con ayuda de un plato.
La freímos unos cinco minutos del otro lado y ya está.
B ¿Y no hay que poner nada más?
A Si quieres, puedes poner trocitos de chorizo o de jamón también.
B No me parece difícil. ¿Comenzamos?

11 EL DIARIO

LÖSUNG

Lösungsvorschlag

B ¿Cómo está Laura?
A Se siente muy mal.
B ¿Le ha pasado algo en el colegio?
A Sí. Lucas se ha sentado a su lado en el recreo, pero no le ha dicho nada a Laura.
B ¿Y qué le ha dicho ella a él?
A Ella tampoco le ha dicho nada.
B ¿No se conocen?
A Se conocen poco. Llevan dos meses en el mismo colegio.
B ¿Sólo por eso está triste?
A No, no sólo por eso. Después del colegio Laura ha perdido el autobús y su madre se ha preocupado.
Le ha echado una bronca.
B ¿No le ha explicado Laura a su madre que ha tenido un día difícil?
A Sí, pero su madre no la entiende nunca cuando tiene un problema.
B ¿No tiene Laura a nadie para hablar de sus problemas?
A Sí, va a hablar con Nuria que es su mejor amiga.

12 UNA VIDA

LÖSUNG

Lösungsvorschlag

B ¿Cómo se llama tu abuelo?
A Se llama Alfredo.
B ¿De qué te habla tu abuelo en su carta?
A Me habla de su vida y de sus experiencias.
B ¿De que experiencias te habla? ¿Qué es lo peor?
A Él dice que lo peor que puedo hacer es casarme tan joven como él.
B ¿Y por qué es lo peor?
A Porque con una familia tienes que trabajar para ganar dinero y nunca tienes tiempo para ti.
B Entonces, ¿qué te propone tu abuelo?
A Me propone pasar con la peña, viajar y conocer el mundo.
B Me parece excelente. ¿Qué piensa tu abuelo de su vida?
A Piensa que su vida ha sido interesante, pero que se ha perdido muchas oportunidades porque se ha casado a los dieciocho años.
B ¿Qué más te ha escrito?
A Sabe que hoy en día un hombre y una mujer pueden vivir juntos sin casarse y eso le parece muy bien.

13 UN DÍA NORMAL

LÖSUNG

Lösungsvorschlag

B ¿A qué hora te levantas normalmente?
A Siempre me levanto a las siete y media de la mañana.
B ¿Y qué comes de desayuno allá en Somoto?
A Como arroz con fríjoles y un café. ¡Qué rico!
B ¿A qué hora empiezan tus clases en el colegio?
A A las nueve en punto de la mañana.
B ¿Hay un recreo también?
A Sí, de la una a las dos.
B ¿Hasta qué hora tienes que estar en el colegio?
A Hasta las cuatro de la tarde.
B ¿Y qué haces después?
A Generalmente paso la tarde con los vecinos tomando café y charlando un poco en el patio de mi casa.
B ¡Qué vida más interesante!

Klett

 ISBN 978-3-12-536906-1

14 VACACIONES

LÖSUNG

Lösungsvorschlag

B ¿Dónde está pasando las vacaciones Sarah?
A En Granada.
B ¿Le gusta Granada?
A Sí, le gusta. Dice que la ciudad es genial porque hay muchos bares y tiendas de ropa.
B ¿Ha visitado muchos museos con su familia?
A No sé. Ella escribe que ha visitado la Alhambra que es algo como un palacio.
B Sí, claro, conozco la Alhambra. ¿Y qué le ha parecido?
A Creo que le ha encantado. Ella escribe que le ha parecido un palacio de «Las mil y una noches».
B ¿Cómo se siente Sarah lejos de ti?
A Escribe que se está divirtiendo mucho, pero que me echa de menos.
B Me lo puedo imaginar. ¿Cuándo va a volver a casa?
A El lunes que viene.

Klett

 ISBN 978-3-12-536906-1

15 UN ACCIDENTE

LÖSUNG

Lösungsvorschlag

B ¿Qué le ha pasado a Esteban? ¿Por qué está en el hospital?
A Se rompió una pierna.
B ¿Cuándo pasó?
A Pasó ayer por la tarde.
B ¿Y cómo pasó?
A Iba en bicicleta. Un perro cruzó su camino y Esteban se cayó.
B ¡Qué mala suerte! ¿Dónde pasó todo eso?
A En la Avenida de las Camelias.
A ¿Y cómo llegó al hospital con una pierna rota?
B Le ayudó un señor que pasaba. El señor se dio cuenta de que Esteban no podía levantarse y lo acompañó al hospital.
A ¿Cuánto tiempo tiene que quedarse allí?
B Tiene que quedarse al menos dos semanas.
A ¡Qué mala suerte!

Klett

 ISBN 978-3-12-536906-1

16 UN POETA

LÖSUNG

Lösungsvorschlag

B ¿Quién fue Lorca?
A Fue uno de los poetas más importantes y el más popular del siglo veinte en España.
B ¿De dónde era Lorca?
A De Andalucía.
B ¿Toda su vida vivió en España?
A No, estudió algún tiempo en la universidad de Nueva York.
B ¿Cómo es su poesía?
A Utiliza muchos símbolos como el agua, la luna y las hierbas.
B ¿Tenía contacto con otros artistas españoles?
A Era uno de los mejores amigos del pintor Salvador Dalí.
B ¿Por qué murió a los 38 años?
A Porque los franquistas lo asesinaron.
B ¿La gente de otros países conoce sus poemas?
A Sí, hay muchas personas en Alemania o Francia que conocen la obra de Lorca.

Klett

 ISBN 978-3-12-536906-1

17 HISTORIA

LÖSUNG

Lösungsvorschlag

B ¿Cuándo conquistaron los árabes la Península Ibérica?
A De 704 a 711 conquistaron casi toda la Península.
B ¿Cómo era esa época?
A Era una época de cultura.
B ¿Por qué era una época de cultura?
A Porque las artes y la poesía eran importantes.
B ¿Cómo era la convivencia de las diferentes religiones?
A Los cristianos, los musulmanes y los judíos convivían en paz.
B ¿Cuándo terminó la Reconquista y por qué terminó?
A Terminó en 1492 porque en este año los Reyes Católicos conquistaron Granada.
B ¿Por qué era importante Granada?
A Porque era la última ciudad árabe en la Península.

Klett

18 EL CAMINO INCA

LÖSUNG

Lösungsvorschlag

B ¿Cómo está papá?
A Está bien.
B ¿Le gusta su viaje?
A Sí, le gusta mucho. Está satisfecho.
B ¿Y cómo es el camino inca?
A El paisaje es fenomenal y hay ruinas escondidas en la selva.
B ¡Qué guay! ¿Dónde se quedó antes de llegar a Machu Picchu?
A Se quedaron en un pequeño camping.
B ¿Cómo es Machu Picchu?
A Es impresionante. Papá ha pasado todo el día allá.
B Machu Picchu es una ciudad, ¿verdad?
A Antes era una ciudad. Los incas abandonaron Machu Picchu en el siglo XVI.
B ¿Papá quiere volver allá algún día?
A Sí, quiere volver el año que viene.
B ¿Qué más dijo papá?
A Saludos para ti.

Klett

19 UN FESTIVAL

LÖSUNG

Lösungsvorschlag

B ¿Cuándo empezó el festival?
A El 18 de agosto.
B ¿Hubo mucha gente en el festival?
A Sí, hubo un montón de jóvenes.
B ¿Cuántos grupos tocaron?
A Alrededor de 30 grupos y cantantes.
B ¿Cuánto tiempo duró el festival?
A En total duró tres días.
B ¿Hubo problemas por el consumo de alcohol y drogas?
A Parece que hubo muy pocos problemas. Apenas una docena de jóvenes fue a ver a los médicos.
B ¿No quedó mucha basura después?
A Sí, quedaron 15 toneladas de basura.
B ¿Cómo las autoridades de Lleida solucionaron el problema?
A La gente de Lleida ayudó/los lleidanos ayudaron a limpiar la zona.

Klett

20 EL HORÓSCOPO

LÖSUNG

Lösungsvorschlag

B Ah, estás leyendo el horóscopo. Yo soy tauro. ¿Qué va a pasar la semana que viene?
A Según tu horóscopo, la semana que viene te va a traer muchas oportunidades.
B ¿Dice algo sobre mis padres?
A No. Aquí sólo dice que va a pasar algo agradable en tu familia.
B ¿Hay alguna información sobre mi novia?
A Sí, a partir del miércoles tienes que tener cuidado porque alguien se quiere acercar a ella. Según el horóscopo no va a haber ningún problema si evitas discutir.
B ¿Va a pasar algo en el colegio?
A Sí, un compañero de clase te va a proponer participar en un proyecto suyo.
B ¡Qué interesante! ¿Quién puede ser? ¿Hay alguna otra información?
A Sí. Tienes que llamar por teléfono a un viejo amigo y éste te va a dar una noticia importante.
B Yo no creo en los horóscopos, ¿y tú?
A Yo tampoco.

Klett

21 UN VIAJE

LÖSUNG

Lösungsvorschlag

B ¿Tienes el programa del viaje al Ecuador que vamos a hacer este verano?
A Sí, ya lo tengo.
B ¡Quiero que me cuentes todo!
A De acuerdo. ¿Qué quieres saber?
B ¿Dónde comienza el viaje?
A En Quito. Allí nos vamos a encontrar con un guía.
B ¿Y cuándo comienza?
A Comienza el 12 de julio o el 15 de septiembre.
B ¿Y cuando quieres que vayamos?
A A mi me da igual.
B ¿Y adónde vamos a ir después?
A A Riobamba.
B ¿ También vamos a pasar algún tiempo en la playa?
A Sí, vamos a ir a Machala que es una ciudad en la costa.
B ¿Qué más vamos a conocer durante el viaje?
A La selva amazónica, una ciudad colonial, unas ruinas incas y mucho más.
B Entonces, ¿realmente quieres que lo hagamos?
A Pues, ¡claro que sí!

22 ESTAR DE CANGURO

LÖSUNG

Lösungsvorschlag

A ¿Cuántos niños son?
B Son dos niños, una niña y un niño.
A ¿De qué edad son los niños?
B La pequeña tiene tres años y el chico tiene siete.
A ¿Cómo se llaman?
B La niña se llama Lisa y el chico Marco.
A ¿Para cuándo necesitan un canguro?
B Quieren salir los lunes por la noche, desde las ocho hasta las diez y media u once horas.
A ¿Cuánto pagan por hora?
B Pagan 8 euros.
A ¿También tengo que dar de comer a la pequeña?
B No lo sé, pero no le des de comer muy de noche. No duerme bien cuando acaba de comer.
A ¿Hay algo más que debo saber?
B Sí. La niña es muy veloz. Nunca la dejes sola. Y al chico no le dejes mirar la tele.
A Me apetece hacerlo. ¿Cómo me pongo en contacto con ellos?
B Puedes llamar por teléfono. El número es el …

23 UN ANUNCIO DE TRABAJO

LÖSUNG

Lösungsvorschlag

B ¿De qué tipo de trabajo se trata?
A Buscan una empleada de casa.
B ¿Quiénes necesitan empleada?
A Es una familia chilena que vive en Madrid.
B ¡Qué interesante! ¿A qué tipo de persona buscan?
A Buscan a una persona joven, entre 25 y 35 años. Si eres formal y organizada y si sabes trabajar por tu cuenta, entonces eres la persona ideal para ellos.
B ¿Qué conocimientos debo tener?
A Debes hablar español y alemán.
B ¿Y cómo puedo ponerme en contacto con ellos?
A Aquí hay una dirección. Puedes escribir una carta y presentarte brevemente.
B Eso voy a hacer. ¿Cuál es la dirección?
A La dirección es: Calle los Preciados 35, 28 014 Madrid.

24 SUERTE Y FELICIDAD

LÖSUNG

Lösungsvorschlag

A Aquí tengo los resultados de unas entrevistas con los jóvenes del colegio Santa Cristina.
B ¿Cuáles son los temas de las entrevistas?
A La suerte y factores para llegar a la felicidad.
B ¿Y qué piensa la mayoría de los jóvenes sobre la suerte?
A El 38 por ciento piensa que la suerte existe.
B ¿En serio? ¿Y qué piensan los demás?
A El 53 por ciento cree que uno mismo decide sobre la vida de uno. El 9 por ciento ha dado otras respuestas.
B Yo no creo en la suerte. ¿Tú qué piensas?
A Yo pienso lo mismo.
B Según la encuesta, ¿cuáles son los factores más importantes para llegar a la felicidad?
A Son las relaciones sociales, el éxito tanto en el colegio como en el trabajo y el dinero.
B ¿Qué es lo que dice la mayoría de los jóvenes?
A La mayoría dice que el factor más importante son las relaciones sociales como el amor, los amigos y la familia.
B Yo pienso lo mismo. ¿Qué piensas tú?

1 EL EXAMEN
ROLLENKARTE A

Estamos a fin de curso y la semana que viene hay muchos exámenes. Mañana a primera hora tienes un examen de español y estás muy nervioso, -a y preocupado, -a. Los últimos días no has estudiado mucho porque te has concentrado en otras asignaturas como Matemáticas y Geografía. Por eso has olvidado un poco los idiomas. Tú sabes que hablas bastante bien el español, la pronunciación no es un problema para ti. Pero tienes bastantes problemas con los verbos, sobre todo los pasados, la diferencia entre el indefinido y el imperfecto y los verbos irregulares. Llamas a un amigo / una amiga para practicar juntos un rato. Siempre es mejor estudiar con alguien para aclarar dudas. Pero tu amigo / amiga no quiere estudiar más. Dice que está cansado, -a y que prefiere ver una película. Tú necesitas estudiar gramática y necesitas su ayuda. Habla con él / ella.

¿Qué te parece si luego / esta tarde ...?
¿Por qué no ...?
Tengo una idea ...
Te propongo un trato ...
¿Quedamos después de las clases para ...?
Pienso que es necesario ...

Klett

 ISBN 978-3-12-536906-1

1 EL EXAMEN
ROLLENKARTE B

Estamos a fin de curso y la semana que viene hay exámenes. Mañana a primera hora tienes un examen de español. No estás preocupado, -a porque los últimos días has estudiado mucho español, sobre todo gramática y vocabulario, aunque no hablas muy bien y necesitas un poco de práctica. Tienes más problemas con las Matemáticas y la Física.
Te llama un amigo / una amiga para estudiar español, pero tú prefieres ver una película española en original para escuchar el idioma. Además estás muy cansado, -a y no te apetece estudiar más. Habla con él / ella.

Es una buena idea, pero ...
No tengo ganas porque ...
Además yo no necesito ...
Prefiero ...

Klett

 ISBN 978-3-12-536906-1

2 EN EL BAR
ROLLENKARTE A

Es bastante tarde y no has comido nada en todo el día. Tienes mucha hambre. Encuentras un bar con precios baratos, además tiene menús en oferta. Genial, porque no tienes mucho dinero.
Entras en el bar y pides un menú con una coca cola grande, una hamburguesa de pollo con mayonesa y patatas fritas.
Llevas esperando mucho tiempo y piensas que el camarero te ha olvidado. Finalmente trae un bocadillo de calamares y una Fanta. ¡Pero tú no elegiste eso! Llamas al camarero y le explicas que es un error porque tú pediste otro menú. Quieres que te traiga tu comida porque tienes mucha hambre, pero el camarero te dice que no es posible. Quiere que pagues el bocadillo y la Fanta. Te estás poniendo muy nervioso, -a.

Quería tomar ...
Perdone, pero ...
Lo siento, pero ...
Creo que ha habido un error porque ...

Klett

 ISBN 978-3-12-536906-1

2 EN EL BAR
ROLLENKARTE B

Hoy es tu primer día de trabajo en un bar que sirve comidas y estás muy nervioso, -a. Quieres comprarte un nuevo equipo de música, lo llevas deseando mucho tiempo y necesitas el dinero.
El problema es que no tienes experiencia y esta semana ha hecho buen tiempo así que hay mucha gente en la terraza.
Atiendes a un chico / una chica que ha pedido un menú, pero cuando le traes la comida dice que no quiere pagarla porque es un error. Tú habías escrito el pedido pero ahora no encuentras la nota. Intentas hablar con él / ella, pero el chico / la chica está muy enfadado, -a. De repente ves que tu jefe está mirando como atiendes al chico y resuelves el problema.
¡¡¡Qué desastre en tu primer día de trabajo!!!

¿Qué quiere / desea ...?
Usted tiene que ...
Es imposible que ...
Creo que ...

Klett

 ISBN 978-3-12-536906-1

3 EL CONCIERTO
ROLLENKARTE A

Tienes dos entradas para un concierto el próximo sábado a las 19:30 de varios grupos de hip hop. Llevas esperando este concierto mucho tiempo. Hiciste cola tres horas muy pronto por la mañana, pero conseguiste las entradas. Te encanta el hip hop e invitas a un amigo / una amiga que hace semanas que no ves. Tu plan es primero ir al concierto y luego salir de fiesta.
Llamas a tu amigo / amiga, pero te dice que no puede ir y te da muchas explicaciones del por qué. Te dice que no tiene tiempo, que tiene que estudiar ... Tú no lo comprendes y te vas enfadando. Empiezas a discutir con él / ella porque desde que tiene novio, -a nunca quedáis juntos. Sólo quieres salir un día con él / ella de fiesta y además tienes un plan fantástico. ¿Dónde está el problema?

¿Qué te parece si ...?
¿Te gusta ...?
¿Por qué no ...?
Pienso que es una oportunidad única porque ...

Klett

 ISBN 978-3-12-536906-1

3 EL CONCIERTO
ROLLENKARTE B

Este fin de semana tienes demasiados planes. Un amigo / una amiga te ha invitado a un concierto el sábado a las 19:30 de varios grupos de hip hop.
El hip hop te gusta mucho y el concierto seguro que va a ser genial y después vais a salir de fiesta. El plan te apetece mucho, hace mucho que no ves a tus amigos / tus amigas y además tienes muchas ganas de ir a un concierto. Pero tienes un problema. Has quedado con tu novio, -a para ir a caminar y después al cine.
Hace mucho tiempo que no sales de fiesta, pero no quieres tener problemas con tu novio, -a.
Le das muchas explicaciones, pero tu amigo / amiga se ha enfadado, -a. No comprende que tú estás en una posición complicada.

Me gusta mucho el hip hop, pero ...
El problema es que ...
A lo mejor podemos ...
Es una pena, pero ...
¿Qué te parece si ...?

Klett

© Ernst Klett Verlag GmbH, Stuttgart 2010.
Alle Rechte vorbehalten. ISBN 978-3-12-536906-1

4 EL CUMPLEAÑOS
ROLLENKARTE A

El viernes es un gran día, tu mejor amigo te ha invitado a su fiesta de cumpleaños. Van a venir 30 personas. ¡Todos tus amigos van a estar en esa fiesta! La fiesta va a ser en su casa, es perfecto porque hay una piscina y un jardín enorme para hacer una barbacoa. Además también va a haber un grupo de música.
Pero tienes un problema. Tu amigo vive muy lejos, cerca de un pueblo a 40 km de tu ciudad. Y hay pocos autobuses para ir y volver. Sólo uno cada hora. Además, el último autobús el viernes por la noche es a las 21:30. Llevas soñando mucho tiempo con una superfiesta y tienes muchas ganas de ir. Tu hermano, -a mayor tiene una moto nueva, así que se la pides, sólo por un día. Tú le has ayudado muchas veces. Pero él / ella no quiere dejártela. Discute con él / ella. Tú puedes hacerle un favor.

Necesito un favor. Es que ...
¿Puedes ...?
Necesito que ...
Si me dejas la moto yo ...

Klett

© Ernst Klett Verlag GmbH, Stuttgart 2010.
Alle Rechte vorbehalten. ISBN 978-3-12-536906-1

4 EL CUMPLEAÑOS
ROLLENKARTE B

Eres feliz porque desde hace dos semanas tienes una moto nueva. No has tenido vacaciones desde hace mucho tiempo porque has trabajado dos veranos completos, pero la moto es fantástica.
Hoy tu hermano, -a pequeño, -a te la pide para ir a una fiesta el viernes. La fiesta es en un pueblo a 40 km. Dice que también te va a pagar los kilómetros, pero tu hermano, -a conduce fatal. No es bueno, -a ni con la bicicleta. Y tú tienes miedo, no quieres dejarle la moto. Seguro que hay autobuses o le puede llevar un amigo o tus padres.
Le dices mil veces que no, pero él / ella lleva discutiendo una hora. Hablas con él / ella. Sigues pensando que no es buena idea. Piensa una solución, a lo mejor le puedes dejar la moto y él / ella te hace un favor.

Es imposible que ...
A lo mejor si tú ...
Tengo una propuesta ...
Si me prometes que ...

Klett

© Ernst Klett Verlag GmbH, Stuttgart 2010.
Alle Rechte vorbehalten. ISBN 978-3-12-536906-1

B

A

B

A

1 ME GUSTA
A

¿Qué te gusta? ¿Y a tu compañero, -a?

Sois dos chicos españoles / chicas españolas. Contesta las preguntas de tu compañero, -a y pregunta también.

- ¿gustar ★ nadar en el mar?
- ¿gustar ★ juegos de ordenador?
- ¿gustar ★ helados?
- Sí, me gusta(n). / No, no me gusta(n).

Klett

1 ME GUSTA
B

¿Qué te gusta? ¿Y a tu compañero, -a?

Sois dos chicos españoles / chicas españolas. Contesta las preguntas de tu compañero, -a y pregunta también.

- ¿gustar ★ escuchar música?
- ¿gustar ★ playa?
- ¿gustar ★ libros?
- Sí, me gusta(n). / No, no me gusta(n).

Klett

© Ernst Klett Verlag GmbH, Stuttgart 2010.
Alle Rechte vorbehalten. ISBN 978-3-12-536906-1

2 CURSO DE ESPAÑOL
A

¡El español no es difícil!

¿Quieres aprender español en Valencia? ¿Quieres pasar las vacaciones con gente divertida en una ciudad interesante? Tienes clases por la mañana, vas a la playa por la tarde y a una discoteca por la noche … ¡Es divertido!

- Valencia: monumentos, museos y tiendas bonitas
- cursos en junio, julio y agosto
- cada curso es de tres o cuatro semanas
- un profesor para seis alumnos

Academia La Albufera
Calle de Balmes, 45
46001 Valencia
albufaqcursos.es

Klett

© Ernst Klett Verlag GmbH, Stuttgart 2010.
Alle Rechte vorbehalten. ISBN 978-3-12-536906-1

2 CURSO DE ESPAÑOL
B

Información de una academia en Valencia

- ¿qué ★ poder ★ aprender ★ nosotros?
- ¿Valencia ★ ser ★ una ciudad interesante?
- ¿cuándo ★ ser ★cursos?
- ¿muchos alumnos ★ en un curso?
- ¿tener ★ tú ★ la dirección de la academia?
- ¿haber ★ dirección de correo electrónico?
- ¿hacer ★ nosotros ★ un curso?

Klett

© Ernst Klett Verlag GmbH, Stuttgart 2010.
Alle Rechte vorbehalten. ISBN 978-3-12-536906-1

B

A

B

A

3 FAMILIA A

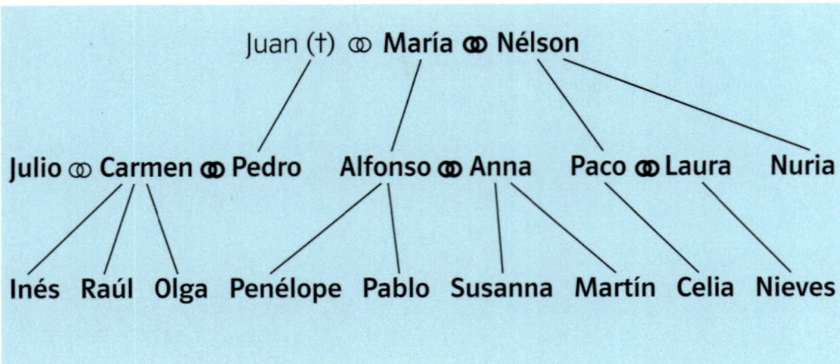

Ésta es tu familia

Tú eres Raúl. Contesta las preguntas de tu compañero, -a.

- abuelo ★ llamarse
- tío ★ llamarse
- hermanas ★ llamarse
- hermano ★ llamarse
- Sí, soy Rául. / No, no soy …

3 FAMILIA B

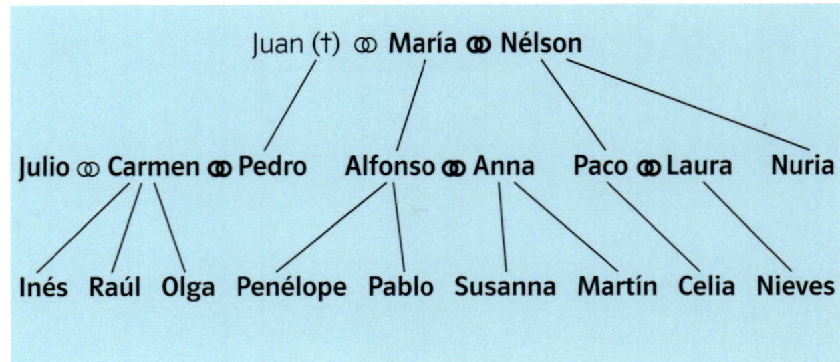

Ésta es la familia de tu compañero, -a.
¿Pero cómo se llama él o ella?

- ¿cómo ★ llamarse ★ abuelo?
- ¿cómo ★ llamarse ★ tío?
- ¿cómo ★ llamarse ★ hermanas?
- ¿cómo ★ llamarse ★ hermano?
- ¿Eres … ?

4 PRESENTARSE A

Preséntate. (Stell dich vor.)

Tú eres el chico / la chica de la foto.
Contesta las preguntas de tu compañero, -a.

- Víctor / Ana Campos Tejero
- de Toledo
- 13 años
- hermana ★ Maribel
- número de teléfono: 925 23 17
- dirección: c / Horno de los Bizcochos, 4
  45001 Toledo

4 PRESENTARSE B

¿Quién eres? Pregunta al chico / a la chica de la foto.

- ¿cómo ★ llamarse ★ tú?
- ¿de dónde ★ ser?
- ¿cuántos años ★ tener?
- ¿tener ★ hermano, -a?
- ¿cómo ★ llamarse?
- ¿poder ★ número de teléfono?
- ¿ … y ★ dirección?

B

A

B

A

5 LA HABITACIÓN A

Describe tu habitación.

El armario / la estantería / el escritorio / la lámpara / los pósteres / el sillón ★ está(n)…

- al lado de …
- encima de …
- delante de …
- en …
- entre … y …

5 LA HABITACIÓN B

¿Cómo es la habitación de tu compañero, -a? Pregunta dónde están las cosas.

- ¿dónde ★ estar ★ el armario?
- ¿… el sillón?
- ¿… la estantería?
- ¿… el escritorio?
- ¿… la lámpara?
- ¿… los pósteres?
- ¿poder ★ yo ★ ver ★ el dibujo de tu habitación?

6 RESTAURANTE A

Restaurante *Don Pepito*

¿A ti también te gusta la paella? ¿O prefieres los bocadillos? ¿Quieres tomar un refresco con tus amigos? En *Don Pepito* hay todo para el hambre. No es caro. ¡… y la paella es genial!

- paella + 1 refresco 7 €
- bocadillo + 1 refresco 5 €
- lunes – domingo de 14.00 a 24 h

Calle Colón, 24
03001 Alicante
Tel. 93 48 78 5

6 RESTAURANTE B

Información de un restaurante

- ¿llamarse ★ restaurante?
- ¿qué hay ★ comer?
- ¿caro?
- ¿abierto ★ hasta?
- ¿dónde ★ encontrarse / estar ★ el restaurante?
- ¿estar ★ número de teléfono?
- ¿llamar ★ nosotros?

B

A

B

A

7 PERSONAS A

Describe a Julia, Elena y Marta

Contesta las preguntas de tu compañero, -a sobre cómo son las chicas y qué ropa llevan.

Sí / No, (no) …
- tener ★ pelo ★ corto / largo
- llevar ★ vaqueros ★ pantalón ★ falda
- llevar ★ jersey ★ cazadora ★ abrigo
- negro,-a ★ rojo,-a ★ verde ★ azul
- Sí / No, la chica número 1 / 2 / 3 ★ (no) ser ★ Elena / Julia / Marta.

7 PERSONAS B

Estas son Elena, Julia y Marta. Tu compañero, -a sabe quién es quién. Pregunta cómo son las chicas y qué ropa llevan.

Elena / Julia / Marta …
- ¿tener ★ pelo ★ largo / corto?
- ¿llevar ★ vaqueros ★ pantalón ★ falda?
- ¿llevar ★ jersey ★ cazadora ★ abrigo?
- negro, -a ★ rojo, -a ★ verde ★ azul ★ gris?
- ¿chica número 1 / 2 / 3 ★ ser ★ Elena / Julia / Marta?

8 EL CAMINO A

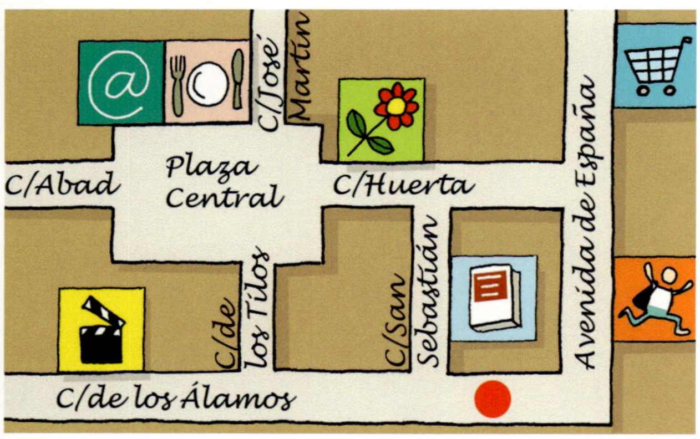

Buscar el camino

Un chico / una chica te pregunta por el camino. Mira el mapa y contesta.

- mirar ★ tú
- seguir todo recto
- tomar la primera / segunda calle
- a la derecha / a la izquierda
- pasar por
- llegar a
- allí / al lado derecho / al lado izquierdo está …

8 EL CAMINO B

Estás en la Calle de los Álamos.
Elige un lugar y pregunta por el camino.

- perdonar (tú) ★
- ¿para llegar a … ?
- ¿cómo?
- ¿qué ★ haber dicho?
- ¿poder ★ repetir?
- ¿y ★ después / luego?
- gracias

B

A

B

A

9 LA MARISQUERÍA A

Un amigo / una amiga te llama al móvil.

- Hola ★ estar (yo) ★ en una marisquería ★ con mi familia
- no ★ estar (nosotros) ★ comer ★ todavía / mi padre ★ estar ★ pedir ★ las bebidas ★ y mi madre ★ todavía estar ★ leer ★ la carta
- ¡sí! ★ tener (yo) ★ hambre
- estar (ella) ★ tomar ★ un vaso de vino ★ y estar ★ quejarse ★ del camarero
- porque todavía no ★ traer ★ las tapas
- no / estar ★ dibujar ★ un centollo / haber (nosotros) ★ traer ★ sus lápices de color

 ISBN 978-3-12-536906-1

9 LA MARISQUERÍA B

Un amigo tuyo / una amiga tuya no está en su casa. Llamas a su móvil.

- hola ★ ser (yo) ★ ¿dónde ★ estar (tú)?
- ¿★ marisquería? ★ ¡★guay! ¿qué ★ estar (tú) ★ comer?
- y tú ★ ya tener ★ hambre, ¿verdad?
- ¿qué ★ estar ★ hacer ★ tu abuela Teresa?
- ¿y por qué ★ estar ★ quejarse?
- ¿tu hermanito Pepe ★ no estar ★ aburrido?
- bueno ★ hasta mañana

 ISBN 978-3-12-536906-1

10 UNA RECETA A

Tu quieres cocinar con tu amigo, -a y le has traído una receta.

Tortilla de patata

ingredientes: patatas, 1 cebolla, 4 huevos, aceite
- primero pelar patatas y cebolla, cortar todo en trocitos
- segundo freír todo con bastante aceite en una sartén
- luego batir los huevos, sacar las patatas de la sartén y mezclarlas con los huevos batidos
- freír la tortilla, después de unos minutos dar la vuelta con ayuda de un plato
- freír la tortilla otros cinco minutos del otro lado

▶ ¡También es rico preparar la tortilla de patatas con trocitos de jamón o de chorizo!

 ISBN 978-3-12-536906-1

10 UNA RECETA B

Tu compañero / -a quiere cocinar contigo y ha traído una receta.

- ¿qué ★ querer cocinar?
- ¿qué ★ necesitar (nosotros) ★ para eso?
- ¿cómo ★ preparar (nosotros) ★ la tortilla?
- ¿no ★ haber que poner ★ nada más?
- no parecerme ★ difícil / ¿comenzar (nosotros)?

 ISBN 978-3-12-536906-1

B

A

B

A

11 EL DIARO A

Laura, una chica de 14 años escribe en su diario sobre un día de su vida.

Querido diario: **viernes, 5 de mayo**

Hoy ha sido un día fatal. Me siento muy mal. Esta mañana Lucas se ha sentado a mi lado en el recreo pero no me ha dicho nada. Yo tampoco he dicho nada. Llevamos dos meses en el mismo colegio y todavía no hemos hablado. Tengo tantas cosas en mi cabeza … Después del colegio he perdido el autobús. Mi madre se ha preocupado y me ha venido a buscar en la parada. Le he explicado todo pero me ha echado una bronca. No me entiende nunca cuando tengo un problema. Voy a llamar a Nuria. ¡Es mi mejor amiga!

Mañana continúo.

Klett

 ISBN 978-3-12-536906-1

11 EL DIARO B

Laura, una chica de 14 años escribe en su diario sobre un día de su vida.

- ¿cómo ★ estar ★ Laura?
- ¿haberle ★ pasado ★ algo en el colegio?
- ¿qué ★ haberle dicho ★ ella a él?
- ¿no ★ conocerse (ellos)?
- ¿sólo por eso ★ estar (ella) triste?
- ¿no ★ haberle explicado ★ Laura a su madre que ★ haber (ella) tenido ★ un día difícil?
- ¿no ★ tener (ella) ★ a nadie para hablar de sus problemas?

Klett

 ISBN 978-3-12-536906-1

12 UNA VIDA A

En una carta tu abuelo te habla de su vida.

… Lo peor que puedes hacer es casarte tan joven como yo. Después nacen los bebés y tienes que trabajar para ganar dinero para la familia. Nunca tienes tiempo para ti. En esta edad es más interesante pasar con la peña, tocar música, viajar y conocer el mundo. Mira, soy viejo y mi vida no ha sido aburrida. Pero hay muchas oportunidades que he perdido porque he sido marido y padre ya a los 18 años. Sé que hoy en día un hombre y una mujer pueden vivir juntos sin casarse y tener hijos inmediatamente. Me parece mucho mejor así.

Tu abuelo que te quiere,

Alfredo

Klett

 ISBN 978-3-12-536906-1

12 UNA VIDA B

El abuelo de tu amigo español / amiga española le ha escrito una carta. Hazle preguntas a tu amigo, -a.

- ¿cómo ★ llamarse ★ tu abuelo?
- ¿de qué ★ hablarte ★ tu abuelo en su carta?
- ¿de qué experiencias ★ hablarte? / qué ★ ser ★ lo peor?
- ¿y por qué ★ ser ★ lo peor?
- entonces, ¿qué ★ proponer ★ tu abuelo?
- parecerme ★ excelente ★ / ¿qué ★ pensar ★ tu abuelo de su vida?
- ¿qué más ★ haberte ★ escrito?

Klett

 ISBN 978-3-12-536906-1

B

A

B

A

13 UN DÍA NORMAL A

Imagínate que eres Julia, de 19 años, y estás pasando un año en Somoto, Nicaragua, dando clases de inglés en un colegio.

- levantarse (yo) ★ a las 7.30 de la mañana
- como desayuno ★ comer ★ arroz con fríjoles y un café
- las clases ★ empezar ★ a las 9.00 h
- recreo ★ ser ★ de 13.00 h a 14.00 h
- tener que estar ★ hasta ★ 16.00 h
- pasar la tarde ★ con los vecinos ★ en el patio de mi casa ★ tomar café ★ charlar

13 UN DÍA NORMAL B

Tu amiga Julia, de 19 años, está pasando un año en Somoto, Nicaragua dando clases de inglés en un colegio. Hazle preguntas.

- ¿a qué hora ★ levantarse (tú) ★ normalmente?
- ¿qué ★ comer ★ de desayuno?
- ¿a qué hora ★ empezar ★ tus clases?
- ¿haber ★ un recreo?
- ¿hasta qué hora ★ tener que estar ★ en el colegio?
- ¿qué hacer ★ después?

Klett
© Ernst Klett Verlag GmbH, Stuttgart 2010.
Alle Rechte vorbehalten. ISBN 978-3-12-536906-1

14 VACACIONES A

Una postal de Sarah

Hola Javi:
Te escribo desde Granada. La ciudad es genial, está llena de bares y tiendas de ropa. ¡Me estoy divirtiendo mucho! Ayer visitamos la Alhambra que realmente me pareció un palacio de «Las mil y una noches».
Luego comimos un helado en la Plaza Mayor. ¡Qué rico!
Aquí todo me gusta mucho, pero te echo de menos.
¿No te has enamorado de otra chica? El lunes que viene vamos a volver a casa.
Un beso, Sarah
Nota: He tomado mucho sol, ¡estoy morena!

Klett
© Ernst Klett Verlag GmbH, Stuttgart 2010.
Alle Rechte vorbehalten. ISBN 978-3-12-536906-1

14 VACACIONES B

Sarah está de vacaciones en España. Ha escrito una postal a su novio. Hazle preguntas a él.

- ¿dónde ★ pasar ★ las vacaciones?
- ¿gustarle ★ Granada?
- ¿haber visitado ★ muchos museos con su familia?
- ¿qué ★ haber parecido (a ella) ★ la Alhambra?
- ¿como ★ sentirse ★ Sarah ★ lejos de ti?
- ¿cuándo ★ ir a volver?

Klett
© Ernst Klett Verlag GmbH, Stuttgart 2010.
Alle Rechte vorbehalten. ISBN 978-3-12-536906-1

B

A

B

A

15 UN ACCIDENTE A

Joven llevado al hospital con una pierna rota

Ayer por la tarde el joven alumno Esteban F. tuvo una fea experiencia: Iba en bicicleta con destino a la plaza central. Quería reunirse allá con sus amigos.
Estaba yendo por la Avenida de las Camelias cuando de repente un perro vino corriendo y cruzó su camino. Esteban se cayó y se rompió una pierna. Un señor que pasaba se dio cuenta de que el joven no podía levantarse y se acercó para ayudar. Informó a los padres de Esteban por teléfono y le acompañó al joven al hospital. Allí le atendieron inmediatamente a Esteban. Tiene que quedarse en el hospital al menos dos semanas.

 ISBN 978-3-12-536906-1

15 UN ACCIDENTE B

Vuestro amigo Esteban está en el hospital.
Tu compañero, -a está leyendo un artículo en el periódico sobre lo que ha pasado.

- ¿qué ★ haberle pasado ★ a Esteban? / ¿por qué ★ estar ★ en el hospital?
- ¿cuándo ★ pasar?
- ¿cómo ★ pasar?
- ¡★ mala suerte! ★ ¿dónde ★ pasar ★ todo eso?
- ¿y cómo ★ llegar ★ al hospital con una pierna rota?
- ¿cuánto tiempo ★ tener que quedarse ★ en el hospital?

 ISBN 978-3-12-536906-1

16 UN POETA A

Federico García Lorca (1898 – 1936)

Nació en Fuente Vaqueros, Andalucía. Fue uno de los poetas más importantes –y el más popular– de la literatura española del siglo XX. Estudió derecho, teatro e inglés en las universidades de Granada, Madrid y Nueva York. Le encantaban las tradiciones del pueblo y por eso en sus poemas hay muchos símbolos como la luna, el agua y las hierbas. Era uno de los mejores amigos del famoso pintor Salvador Dalí. En 1936 los franquistas lo asesinaron. Hoy en día, hay muchas personas en Alemania, Francia y en muchos otros países que conocen la obra de Lorca.

 ISBN 978-3-12-536906-1

16 UN POETA B

Tu compañero tiene un artículo sobre Federico García Lorca (1898 – 1936).

- ¿quién ★ ser ★ Lorca?
- ¿de dónde ★ ser?
- ¿toda su vida ★ vivir ★ en España?
- ¿cómo ★ ser ★ su poesía?
- ¿tener ★ contacto con otros artistas españoles?
- ¿por qué ★ morir ★ a los 38 años?
- ¿la gente de otros países ★ conocer ★ sus poemas?

 ISBN 978-3-12-536906-1

B

A

B

A

17 HISTORIA A

Los árabes en la Península Ibérica

De 704 a 711 los árabes conquistaron casi toda la Península Ibérica. El imperio árabe existía durante muchos siglos al lado de unos reinos cristianos pequeños. Entonces la gente vivía una época de cultura.
Las artes y la poesía eran importantes. En la parte árabe de la Península, los cristianos, los musulmanes y los judíos convivían más o menos en paz. La Reconquista terminó en 1492. En este año los Reyes Católicos conquistaron Granada, la última ciudad árabe en la Península.

17 HISTORIA B

Los árabes en la Península Ibérica

- ¿cuándo ★ conquistar ★ los árabes la Península Ibérica?
- ¿cómo ★ ser ★ esa época?
- ¿por qué ★ ser ★ época de cultura?
- ¿cómo ★ ser ★ la convivencia de las diferentes religiones?
- ¿cuándo ★ terminar ★ la Reconquista y por qué ★ terminar?
- ¿por qué ★ ser ★ importante Granada?

Klett © Ernst Klett Verlag GmbH, Stuttgart 2010.
Alle Rechte vorbehalten. ISBN 978-3-12-536906-1

18 EL CAMINO INCA A

Tu padre está haciendo el camino inca en Perú. Ayer hablaste por teléfono con él. Esto es lo que dijo:

[…] El paisaje es fenomenal. […] En medio de la selva hay ruinas escondidas en la selva. […] Ayer nos quedamos en un pequeño camping entre dos montañas hermosas. […] Ya sabes que hay personas que nos llevan el equipaje, pero las subidas son difíciles. […]
¡Machu Picchu es impresionante! He pasado todo el día allí. Los incas abandonaron esta ciudad en el siglo XVI […] Estoy muy satisfecho con mi viaje. […] Quiero volver el año que viene. […] Saludos a tus hermanos.

Klett © Ernst Klett Verlag GmbH, Stuttgart 2010.
Alle Rechte vorbehalten. ISBN 978-3-12-536906-1

18 EL CAMINO INCA B

Tu padre está haciendo el camino inca en Perú. Ayer habló con tu hermano, -a por teléfono. Hazle preguntas a él / ella.

- ¿cómo ★ estar ★ papá?
- ¿gustarle ★ su viaje?
- ¿cómo ★ ser ★ el camino inca?
- ¿dónde ★ quedarse ★ antes de llegar a Machu Picchu?
- ¿cómo ★ ser ★ Machu Picchu?
- Machu Picchu ★ ser ★ una ciudad, ¿verdad?
- ¿papá ★ querer ★ volver algún día?
- ¿qué más ★ decir ★ papá?

Klett © Ernst Klett Verlag GmbH, Stuttgart 2010.
Alle Rechte vorbehalten. ISBN 978-3-12-536906-1

B

A

B

A

19 UN FESTIVAL A

El festival de rock en Lleida

El pasado miércoles, 18 de agosto, empezó el famoso festival de rock de Lleida. Como todos los años hubo un montón de jóvenes con ganas de divertirse al máximo. Alrededor de 30 cantantes y grupos de música tocaron lo mejor del rock español e internacional. Durante tres días la gente hizo fiesta, se rió y bebió. Apenas una docena de jóvenes fue a ver a los médicos presentes en el camping. La única desventaja: terminado el festival, quedaron en el camping 15 toneladas de basura. Por suerte los lleidanos ayudaron a las autoridades a limpiar la zona.

 ISBN 978-3-12-536906-1

19 UN FESTIVAL B

En el períodico hay un artículo sobre el festival de rock en Lleida de la semana pasada.

- ¿cuándo ★ empezar ★ el festival?
- ¿haber ★ mucha gente en el festival?
- ¿cuántos grupos ★ tocar?
- ¿cuánto tiempo ★ durar ★ el festival?
- ¿haber ★ problemas ★ por el consumo de alcohol y drogas?
- ¿no ★ quedar ★ mucha basura después?
- ¿cómo las autoridades de Lleida ★ solucionar el problema?

 ISBN 978-3-12-536906-1

20 EL HORÓSCOPO A

Tauro (21 de abril a 21 de mayo)

La semana que viene te va a traer muchas oportunidades:

familia: En tu familia va a pasar algo agradable.

amor: ¡A partir del miércoles ten cuidado! Alguien se quiere acercar a tu novio o novia. Si evitas discutir no va a haber ningún problema.

colegio: Un compañero de clase te va a sorprender proponiéndote participar en un proyecto suyo.

amigos: Si llamas a un viejo amigo, te va a dar una noticia importante.

 ISBN 978-3-12-536906-1

20 EL HORÓSCOPO B

Tu compañero, -a está leyendo el horóscopo en una revista. Tu signo zodiaco es tauro.

- ser ★ tauro (yo) / ¿qué ★ pasar ★ la semana que viene?
- ¿decir ★ algo ★ mis padres?
- ¿haber ★ alguna información ★ mi novia?
- ¿pasar ★ algo en el colegio?
- ¡★ interesante! ¿quién ★ poder ser? ¿haber ★ alguna otra información?
- no creer (yo) ★ los horóscopos, ¿y tú?

 ISBN 978-3-12-536906-1

B

A

B

A

21 UN VIAJE A

Viaje por el Ecuador

¿Te imaginas ir en tren entre las montañas tocando casi las nubes? ¿Te gustan la playa y el mar?
En tu viaje al Ecuador te espera eso y mucho más:

- comienzo del viaje: el 12 de julio o el 15 de septiembre los participantes se encuentran con el guía en Quito
- itinerario: de Quito a Riobamba, a la montaña «Nariz del Diablo», a Machala, una ciudad en la costa, de Machala a Napo, una ciudad en la selva
- vas a conocer: la selva amazónica, una de las regiones más interesantes del Ecuador, una ciudad colonial hermosa, ruinas incas y mucho más …

Klett

 ISBN 978-3-12-536906-1

21 UN VIAJE B

Tu amigo, -a te propone hacer un viaje al Ecuador.

- ¿tener (tú) ★ el programa del viaje al Ecuador ★ que ★ ir a hacer ★ este verano?
- ¡querer (yo) ★ que ★ contarme (tú) ★ todo!
- ¿dónde ★ comenzar ★ el viaje?
- ¿cuándo?
- ¿cuándo ★ querer (tú) ★ que ★ ir (nosotros)?
- ¿adónde ★ ir (nosotros) ★ después?
- ¿también ★ pasar ★ algún tiempo en la playa?
- ¿qué más ★ ir a conocer ★ durante el viaje?
- entonces, ¿realmente ★ querer (tú) ★ que ★ hacerlo (nosotros)?

Klett

 ISBN 978-3-12-536906-1

22 ESTAR DE CANGURO A

Información para el canguro

Buscamos un canguro para nuestros hijos Lisa (de 3 años) y Marco (de 7 años). Mi esposo y yo queremos ir al cine cada lunes así que no estamos en casa desde las 8.00 h hasta las 10.30 h o 11.00 h. ¡Ojo!

- A Lisa le gusta correr y es muy veloz.
  ¡Nunca la dejes sola!
- ¡No le des de comer muy de noche!
  No duerme bien cuando acaba de comer.
- ¡A Marco no le dejes mirar la tele!
  Pagamos 8€ / h. ¿Te apetece?
  Entonces llámanos: 91 532 82 35

Klett

 ISBN 978-3-12-536906-1

22 ESTAR DE CANGURO B

Quieres hacer de canguro. Tu compañero, -a tiene un papel con información de una familia que busca uno.

- ¿cuántos niños ★ ser?
- ¿de qué edad ★ ser ★ los niños?
- ¿cómo ★ llamarse?
- ¿para cuándo ★ necesitar (ellos) ★ un canguro?
- ¿cuánto ★ pagar ★ por hora?
- ¿también ★ tener que (yo) ★ dar de comer a la pequeña?
- ¿haber ★ algo más que ★ deber (yo) saber?
- ¿cómo ★ ponerme ★ en contacto con ellos?

Klett

 ISBN 978-3-12-536906-1

B

A

B

A

23 UN ANUNCIO DE TRABAJO A

Buscamos empleada

Familia chilena busca empleada de casa.
Si usted tiene
- entre 25 y 35 años
- es formal y organizada
- sabe trabajar por su cuenta

entonces es usted la persona ideal para nosotros.
Si además habla español y alemán usted es perfecta.
Escríbanos y preséntese brevemente.
Nuestra dirección:

Fma. Álvarez Duarte
C/de los Preciados 35
28 014 Madrid

23 UN ANUNCIO DE TRABAJO B

Habla con tu compañero, -a sobre un anuncio de trabajo que él/ella ha encontrado en el periódico.

- ¿★ qué tipo de trabajo ★ tratarse?
- ¿quiénes ★ necesitar ★ empleada?
- ¡★ interesante! ★ ¿a qué tipo de persona ★ buscar (ellos)?
- ¿qué conocimientos ★ deber (yo) ★ tener?
- ¿cómo ★ poder (yo) ★ ponerme ★ en contacto con ellos?
- ¿cuál ★ ser ★ la dirección?

24 SUERTE Y FELICIDAD A

¿Qué piensan los jóvenes?

La revista *Hoy* a realizado entrevistas con los jóvenes del colegio Santa Cristina en Murcia.
Aquí los resultados:
¿Existe la suerte?
- 53 %: uno mismo decide sobre la vida de uno
- 38 %: cree en la suerte o la influencia de otros factores desconocidos en nuestra vida
- 9 %: otras respuestas

El factor más importante para llegar a la felicidad:
- 50 %: relaciones sociales (amor, amigos y familia)
- 30 %: éxito en colegio y trabajo
- 20 %: dinero

24 SUERTE Y FELICIDAD B

Una revista ha realizado una encuesta en un colegio. Pregúntale a tu compañero/,-a por los resultados.

- ¿cuáles ★ ser ★ los temas de las entrevistas?
- ¿qué ★ pensar ★ la mayoría sobre la suerte?
- ¿en serio?/¿qué ★ pensar ★ los demás?
- yo ★ creer ★/¿qué ★ pensar tú?
- según la encuesta, ¿cuáles ★ ser ★ los factores más importantes para llegar a la felicidad?
- ¿el cuánto por ciento ★ creer que ★ el dinero ★ ser ★ el factor más importante?
- ¿qué ★ decir ★ la mayoría de los jóvenes?
- yo ★ pensar ★/¿qué ★ pensar tú?

5 VIAJE DE FIN DE CURSO
ROLLENKARTE A

Hoy en clase discutís sobre el viaje de fin de curso. Adónde ir, cuántos días y en qué mes viajar.
El problema es que no tenéis mucho dinero, pero sí muchas ganas de viajar.
Tú estás hablando en clase con un compañero / una compañera sobre el viaje. Discutís sobre posibles destinos. Tú quieres un lugar que tenga mar, playa y buen tiempo. A ti te gusta Gran Canaria para tomar el sol, ver la ciudad, bailar en discotecas, practicar español ...
Deseas un viaje divertido, pero con un poco de aventura. Además el viaje a Gran Canaria es muy barato, hay muchas ofertas que incluyen viaje y hotel y puedes estar siete días.
Tu amigo / amiga prefiere ir a los Pirineos porque no le gusta mucho la playa. Dice que la montaña es más interesante. Habla con él / ella.

¿Has pensado qué podemos hacer en ...?
¿No te gusta disfrutar de ...?
Unas vacaciones en la playa son ...
Creo que es mejor ir ... porque ...

Klett

 ISBN 978-3-12-536906-1

5 VIAJE DE FIN DE CURSO
ROLLENKARTE B

Hoy en clase discutís sobre el viaje de fin de curso. Adónde ir, cuántos días y en qué mes viajar.
El problema es que no tenéis mucho dinero, pero sí muchas ganas de viajar. Tú estás hablando en clase con un compañero / una compañera sobre el viaje. Discutís sobre posibles destinos.
Te apetece ir a la montaña, por ejemplo a los Pirineos. Tú quieres ir a un lugar dónde se pueden hacer muchas actividades como escalar, caminar, ver animales en libertad, ver pueblos típicos. No quieres ir a una isla, prefieres un viaje diferente.
Además piensas que allá podéis practicar mejor el español porque hay menos turistas que en las islas.
El problema es que el viaje a los Pirineos es un poco caro porque allí se practican muchos deportes aire libre. Así que sólo podéis estar cinco días.
Habla con tu compañero, -a.

¿Por qué no vamos a ...?
Podemos hacer un viaje diferente, por ejemplo ...
¿Qué te parece ir a ...?
Tengo otra opinión ...

Klett

© Ernst Klett Verlag GmbH, Stuttgart 2010.
Alle Rechte vorbehalten. ISBN 978-3-12-536906-1

6 EL ROBO
ROLLENKARTE A

Estamos a primeros de julio. Estás de vacaciones en Barcelona y llevas visitando museos y exposiciones durante tres días. Barcelona es una ciudad fantástica, pero hoy has tenido mala suerte. En el autobús te han robado el dinero (250 euros), una cazadora, tu mochila con el pasaporte y las tarjetas de crédito del banco.
No sabes cómo pasó porque te diste cuenta demasiado tarde. Pero viste cómo la persona que te robó se bajó del autobús. Llevaba en la mano tu cazadora negra y tu mochila marrón. No fuiste muy rápido, -a y las puertas se cerraron. Lo viste correr con tus cosas desde la ventana del autobús.
Ahora estás en la comisaría y un policía te pregunta tus datos personales y dónde y cómo te han robado.
También tienes que hacer una descripción de la persona que viste, cómo era, que ropa llevaba ...

La persona vestía ...
Fue muy rápido, sólo vi ...
Físicamente tenía el pelo ..., los ojos ...
Era alto, -a/bajo, -a/delgado, -a ...

Klett

© Ernst Klett Verlag GmbH, Stuttgart 2010.
Alle Rechte vorbehalten. ISBN 978-3-12-536906-1

6 EL ROBO
ROLLENKARTE B

Eres policía en Barcelona y tienes mucho trabajo.
El problema es que Barcelona es una ciudad muy turística y a menudo hay robos a turistas.
Los peores meses son en verano julio y agosto. Hay muchísimos turistas y es imposible controlar las calles.
Ahora estás con un chico / una chica de Alemania al que han robado.
Primero le preguntas sus datos personales, nacionalidad, nombre de los padres, dirección, teléfono ...
Después le preguntas qué le han robado, dónde le han robado y si ha visto quien ha sido.
¿Puede hacer una descripción? A lo mejor tienes suerte porque el chico / la chica puede describir a la persona que lo hizo. Así puedes hacer un dibujo.

¿Puede explicar qué / cómo ...?
¿Recuerda si vio ...?
¿Puede describir ...?
¿Cómo era ...?

Klett

© Ernst Klett Verlag GmbH, Stuttgart 2010.
Alle Rechte vorbehalten. ISBN 978-3-12-536906-1

7 ¿QUÉ DESAYUNAMOS? ROLLENKARTE A

Son las 10:00, es sábado por la mañana y has decidido hacer la compra. Hoy es un día importante. Es el cumpleaños de tu hermana pequeña y quieres preparar un desayuno especial a tu familia para que tenga una sorpresa.
Así que te duchas, te vistes rápidamente y sales de casa sin hacer ruido. Vas al supermercado que está en la esquina. ¿Qué necesitas? ¿Qué te gusta desayunar? ¿Qué le gusta a tu familia?
¿Chocolate caliente? ¿Helado de fresa? ¿Tarta de chocolate? También pan, mermelada ... Compras mucha comida.
De repente, cuando vas a pagar, te das cuenta de que te has olvidado el dinero en casa. Has hecho una compra enorme y no tienes un euro. Intentas hablar con el dependiente para explicarle tu problema.
Piensa alguna solución.

Tengo un problema ...
Necesito la compra porque ...
A lo mejor puede ...
¿Por qué no ...?

7 ¿QUÉ DESAYUNAMOS? ROLLENKARTE B

Eres dependiente en un supermercado. Hoy es sábado por la mañana y hay muchos clientes. Atiendes a un chico / una chica que hace una compra muy grande. Dice que quiere preparar un desayuno especial a su familia. Te explica que es el cumpleaños de su hermana, por eso pide muchas cosas dulces y hace una compra muy cara. Finalmente te dice que no tiene dinero porque se lo ha olvidado en casa.
Es muy extraño. Hace una compra enorme, pero no piensa en el dinero. El chico / la chica no quiere dejar la compra, dice que es muy importante, habla contigo para encontrar una solución. Pero no te crees la historia. Tú piensas que es un ladrón y quieres que tu jefe llame a la Policía.
Discutes con el chico / la chica.

¿Por qué no puede ...?
Lo siento, pero ...
Me parece una historia ...
Usted tiene que ...

8 ¡QUÉ DÍA! ROLLENKARTE A

Estás tomando un refresco con un amigo / una amiga por la noche en una terraza y le cuentas cómo ha sido el día. Sólo quieres que este día termine porque ha sido un desastre.
Es lunes y estamos en septiembre. Ha sido el peor día de tu vida, un día horrible. Todo ha salido mal.
Te has duchado con agua fría porque no había agua caliente, no tenías café en casa y has tenido que desayunar té con limón, tampoco había pan ni mermelada. Después has llegado tarde al trabajo porque te has dormido. Has perdido el autobús y has tenido que esperar 30 minutos al siguiente. Tu ordenador tenía un virus y toda la información ha desaparecido. También has perdido el móvil y hoy tenías que hablar con mucha gente, has discutido con tu novio, -a ...
¡Sólo quieres olvidarlo todo!

Estoy fatal porque ...
¡No te lo vas a creer ...
¡Qué mala suerte tengo porque hoy ...!
Es que también ...

8 ¡QUÉ DÍA! ROLLENKARTE B

Estás tomando un refresco con un amigo / una amiga por la noche en una terraza y le cuentas cómo ha sido el día. Hoy ha sido un día maravilloso. Es lunes y estamos en septiembre. Llevas pensando todo el día en la suerte que tienes.
Tu amigo, -a ha tenido un día horrible. Cada vez que te cuente algo malo tú le cuentas algo maravilloso.
Hoy has comido en un restaurante muy bueno, tu comida preferida, tortellini con carne. Tus amigos te han hecho un regalo, unas zapatillas de deporte geniales. Has ganado dinero en la lotería, 300 euros. Has conseguido entradas para un concierto de tu grupo musical favorito. Has conocido a una chica / un chico especial ... estás enamorado, -a.
¡No quieres olvidar nunca este día maravilloso!

Soy la persona más feliz del mundo porque ...
Ha sido genial porque ...
Después de ...
No te lo puedes imaginar ...

9 UN SÁBADO DIFERENTE
ROLLENKARTE A

Hoy es sábado. Es fantástico porque no hay escuela y tienes casi todo el día libre. El problema es que tu madre lleva diciendo toda la semana que la casa está muy desordenada. Y hoy tu hermano, -a y tú tenéis que limpiar. El plan es horrible. Como siempre tenéis que limpiar la casa entera, ordenar las habitaciones, hacer las camas, pasar la aspiradora, lavar los platos, limpiar el suelo, hacer la compra …
Tú siempre limpias la casa solo, -a porque tu hermano pequeño / hermana pequeña siempre hace la compra y está 2 horas en el supermercado para no tener que trabajar.
Ahora hablas con él / ella y le dices que hoy tú haces la compra y él / ella limpia la casa.

Siempre tengo que …
Esta vez he pensado que …
¿Qué te parece si hoy …?
Quiero que sepas que yo …

 ISBN 978-3-12-536906-1

9 UN SÁBADO DIFERENTE
ROLLENKARTE B

Hoy es sábado. Es fantástico porque no hay escuela y tienes casi todo el día libre. El problema es que tu madre lleva diciendo toda la semana que la casa está muy desordenada. Y hoy tu hermano, -a y tú tenéis que limpiar. El plan es horrible. Como siempre tenéis que limpiar la casa entera, ordenar las habitaciones, lavar la ropa, limpiar el suelo, quitar el polvo, hacer la compra …
Tú odias limpiar la casa y dices que vas a hacer la compra, pero tu hermano, -a no quiere.
Esta vez él / ella quiere que tú limpies toda la casa.
Hablas con él / ella.

Prefiero …
Me gusta más …
Estoy muy cansado porque …
No me gusta …
Tu idea me parece …

 ISBN 978-3-12-536906-1

10 LA MOTO
ROLLENKARTE A

Los últimos dos veranos han sido larguísimos.
Has trabajado mucho en diferentes restaurantes y bares como camarero, -a y has conseguido 2000 euros. Fantástico, porque quieres comprar una moto.
Una moto que sea grande, rápida y que llegue a 180 km / hora . Llevas deseando esa moto desde que tenías 10 años y por fín puedes comprártela.
Pero hay un problema. La moto que tú quieres cuesta 2000 euros exactamente.
Pero necesitas además dos cascos, un atlas de la región y una cazadora.
¿Cómo vas a conseguir más dinero? Y no quieres esperar otro verano. Necesitas una solución rápida.
Hablas con el vendedor / la vendedora.

¿Existe alguna posibilidad … ?
Tengo un problema con …
Me gusta mucho, pero …
¿Como podemos … ?
¿Qué podemos hacer para … ?

 ISBN 978-3-12-536906-1

10 LA MOTO
ROLLENKARTE B

Eres vendedor / vendedora y trabajas en una tienda de motos de segunda mano. La mejor moto cuesta 2300 euros. Es una moto muy buena y sobre todo muy rápida. Ahora está en oferta y la vendes por 2000 euros.
Hay un chico / una chica que quiere comprarla desde hace meses. Ha venido muchas veces a la tienda para preguntar y te ha dicho que si la pones en oferta, la compra.
Pero hay un problema. El chico / la chica tiene dinero sólo para comprar la moto y necesita varias cosas extras: dos cascos, un atlas de la región y una cazadora.
Tú no puedes rebajar más el precio de la moto.
Hablas con él / ella para llegar a una solución.

No puedo rebajar más el precio de la moto, pero …
A lo mejor puedes …
¿Por qué no … ?

 ISBN 978-3-12-536906-1

11 FIESTA SORPRESA
ROLLENKARTE A

Es el cumpleaños de una de tus amigas.
Tú quieres organizar una gran fiesta sorpresa el sábado por la tarde, has pensado en un local cerca de su casa. Vas a mandar un e-mail a todos los amigos de la clase y del barrio y estás seguro, -a de que vendrán muchos, a lo mejor 30 personas o más. Quieres organizar una fiesta que sea superdivertida y original. Habrá muchos juegos, comida española e italiana, un grupo de música rock del barrio, el preferido de tu amiga ...
Explicas tu idea a otra amiga / otro amigo, pero no está de acuerdo.
Él / ella quiere algo más tranquilo. Hablas con él / ella.

Tengo una idea genial para ...
¿Qué piensas sobre hacer una fiesta con ... ?
No estoy de acuerdo, es mejor ...
Creo que tu idea no es muy buena porque ...
¿Y qué tal si ... ?

Klett

 ISBN 978-3-12-536906-1

11 FIESTA SORPRESA
ROLLENKARTE B

Es el cumpleaños de una de tus amigas.
Tú quieres organizar una pequeña fiesta que sea tranquila, pero también divertida, a lo mejor en tu casa. Invitarás a poca gente, sólo los amigos más cercanos, cinco o seis personas. Podréis hablar, tomaréis tarta de chocolate, la favorita de tu amiga, y luego jugaréis al monopoly o algún juego tranquilo. También podréis ver una película, por ejemplo «El señor de los anillos».
Tú amigo, -a quiere lo contrario: una fiesta loca con mucha gente. Hablas con él / ella.

He pensado en una fiesta que ...
Quiero organizar ...
Tu idea está muy bien, pero ...
Una fiesta tan grande no me gusta porque ...

Klett

 ISBN 978-3-12-536906-1

12 TENEMOS MASCOTA
ROLLENKARTE A

Hoy es el mejor día de tu vida. Llevas soñando años con esta sorpresa. Tu madre ha dicho que tú y tu hermano, -a podéis tener una mascota. Pero que tendréis que cuidarla, darla de comer y pasear todos los días con ella. Es genial.
Tú quieres una mascota que sea simpática y le guste mucho jugar. Un perro, claro. Quieres un perro grande y negro que corra mucho, así puedes ir con él de excursión, a jugar al fútbol, los domingos puede venir con toda la familia a pasear por el bosque, puede cuidar la casa ...
Un perro es la mascota perfecta, pero tu hermano, -a no piensa igual, tiene otra idea y, además, no le gustan mucho los perros. Pero tú deseas un perro muchísimo, ya tienes hasta el nombre: «Trueno».
Habla con tu hermano, -a.

La mejor mascota es un perro porque ...
Tu mascota no está mal, pero ...
Creo que tener un perro es perfecto ya que ...
¿Has pensado que un perro puede ... ?

Klett

 ISBN 978-3-12-536906-1

12 TENEMOS MASCOTA
ROLLENKARTE B

Hoy es el mejor día de tu vida. Llevas soñando años con esta sorpresa. Tu madre ha dicho que podéis tener una mascota, tú y tu hermano, -a. Tendréis que cuidarla, darla de comer y enseñarla. Es genial.
Tú quieres una mascota que sea simpática y le guste mucho jugar. Un gato, claro.
Quieres un gato que sea pequeño y gris y que tenga los ojos grandes y verdes. Los gatos te encantan porque son tranquilos, pero también juegan muchísimo. Además, son muy independientes y autónomos. Con él puedes leer un libro, ver Internet, la tele y seguro que toda la familia se enamora de él. Ya tienes su nombre: «Tierra».
Pero tu hermano, -a no quiere un gato. Le gustan más los perros que los gatos.
Habla con él / ella.

A mí me gustan más los gatos que los perros porque ...
Los gatos son mejores ya que ...
¿Has pensado que un perro tiene ... ?
¿Por qué no te gustan ... ?

Klett

 ISBN 978-3-12-536906-1

13 LOS VECINOS ROLLENKARTE A

Estás supernervioso, -a porque mañana por la tarde tienes un examen de español muy importante. Estás estudiando la gramática. De repente oyes mucho ruido y una música muy alta. ¿De dónde viene? Sí, tus vecinos han organizado una fiesta. Al llegar esta tarde a casa has visto a mucha gente en las escaleras, ahora lo recuerdas.
¿Qué podrías hacer? Cierras todas las ventanas pero da igual, oyes la música y a la gente sin problemas.
Y además la música también te gusta. Es imposible estudiar. Subes a hablar con ellos, son gente muy simpática y, además, también son estudiantes, estudian en la Universidad. Seguro que no tienen problemas para bajar la música. Vas a hablar con ellos.

¿Podríais ...?
Mañana tengo un examen muy importante así que ...
Os importaría ...
Es que mañana ...
¿Por qué no ...?

 ISBN 978-3-12-536906-1

13 LOS VECINOS ROLLENKARTE B

Vives en un piso de estudiantes. Sois tres personas: una chica, un chico y tú. Los tres estudiáis en la Universidad. Ayer finalmente terminaron los exámenes y hoy vais a celebrarlo. Has invitado a muchos amigos y lo mejor, probaréis el nuevo equipo de música. Perfecto. Hecha la organización de la fiesta, sólo falta llamar por teléfono a la gente.
La fiesta empieza a las 19:00 y a las 21:00 llama a la puerta el vecino / la vecina del segundo piso. Mañana tiene un examen de español, tu asignatura favorita, y, claro, con el ruido no puede estudiar. Tú lo entiendes, pero la fiesta es genial ...
¿Qué podrías hacer?

Lo comprendo, pero ...
¿Qué te parece si ponemos la música ...?
¿Por qué no descansas un poco y ...?
¿Y qué tal si mañana por la mañana yo ...?

 ISBN 978-3-12-536906-1

14 ROBO EN LA TIENDA ROLLENKARTE A

Eres el jefe / la jefa de una tienda de ropa. Llevas controlando toda la semana a los clientes porque últimamente han desaparecido muchas camisetas y pantalones. Hace una hora ha llegado un chico, -a un poco sospechoso, -a y estás mirándole sin parar.
Su comportamiento te parece muy extraño.
Terminada su compra, va a la caja, paga y al salir de la tienda la alarma salta. Le dices al chico/a la chica: Por favor, déme la bolsa y enséñeme el ticket.
El chico / la chica se pone muy nervioso, -a mientras la bolsa es controlada por un dependiente.
No encuentra el ticket, pero dice que no ha cogido nada. Tú quieres hablar tranquilamente con él / ella y le llevas a tu oficina.
¿A lo mejor es un error?

¿Puede decirme qué ha comprado ...?
Si usted no tiene el ticket, ¿qué cree que ...?
Entonces, ¿por qué ha saltado la alarma ...?
¿Por qué se ha comportado ...?

 ISBN 978-3-12-536906-1

14 ROBO EN LA TIENDA ROLLENKARTE B

Estás en una tienda comprando ropa. Necesitas dos pantalones, tres o cuatro camisetas y un jersey. Tu madre te ha dado mucho dinero y además has encontrado una tienda con ropa genial, muy moderna. Después de una hora ya lo tienes todo, pagas, pero al salir de la tienda la alarma salta. Un señor se acerca rápidamente a ti y te dice: Por favor, déme la bolsa y enséñeme el ticket.
Te pones muy nervioso, -a mientras tu bolsa es controlada por un dependiente.
Además no encuentras el ticket, ¿dónde estará? Lo peor es que tú no has hecho nada, pero estás tan nervioso, -a que todo el mundo piensa lo contrario.
¿Cómo lo puedes explicar? El señor / la señora te pide que vayas a su oficina para hablar.

No lo entiendo porque ...
No comprendo cómo ha saltado la alarma ya que ...
A lo mejor ha habido un error. Yo ...

 ISBN 978-3-12-536906-1

15 EN LA DISCOTECA

ROLLENKARTE A

Hoy vais a salir a una discoteca nueva. Nunca habías estado antes, pero todo el mundo dice que es fantástica. Tiene cinco salas y en cada sala ponen música diferente: rock, pop, hip-hop, punk … Además, hoy hay una fiesta especial y vendrá mucha gente. Genial. Ahora estás con más amigos en la puerta de la discoteca y llevas esperando para entrar media hora. Un chico / una chica en la puerta te pide el pasaporte, pero te lo has dejado en casa. Le explicas que tú ya tienes 19 años.
El chico / la chica te dice que lo siente, pero que no puedes entrar. Es una discoteca para gente con más de 18 años. Hablas con él / ella, todos tus amigos están dentro, ¿no podría hacer una excepción?

Lo siento, tengo el pasaporte en casa …
¿A lo mejor con otro carné … ?
¿Podría hacerme el favor de … ?

 ISBN 978-3-12-536906-1

15 EN LA DISCOTECA

ROLLENKARTE B

Trabajas en una discoteca que tiene cinco salas y en cada sala ponen música diferente: rock, pop, hip-hop, punk … Además, hoy hay una fiesta especial así que vendrá mucha gente.
Ahora estás en la puerta y controlas los pasaportes porque la discoteca es para gente mayor de 18 años. Después de dos horas un chico / una chica dice que se ha olvidado el pasaporte. Tú ya conoces esa historia y le contestas que no puede entrar.
El chico / la chica te dice que tiene 19 años, tú le crees, pero no estás seguro, -a y él / ella no tiene pasaporte. No puedes dejarle pasar. En la entrada hay un cartel que dice: Se prohíbe la entrada a menores de 18 años. Y tú no quieres problemas con tu jefe. Piensa en una solución.

Lo siento, sin el pasaporte no …
¿Cómo demuestra usted que … ?
¿Cómo sé que usted … ?
¿No podría volver a casa para … ?

 ISBN 978-3-12-536906-1

16 EL REGALO

ROLLENKARTE A

¡Qué suerte! Este fin de semana habéis ido a visitar al abuelo. Tu abuelo vive en un pueblo al lado de la costa y no le veis mucho. Además, tiene dos caballos preciosos y los montáis siempre. Esta vez el abuelo celebra su 65 cumpleaños y hace una fiesta familiar. En la fiesta os ha regalado a ti y a tu hermano, -a 300 euros. Perfecto, porque tú tienes muchas ideas sobre qué comprar. Tú querrías un MP3 o un juego de ordenador, ¿a lo mejor un ipod?
El problema es que a tu hermano, -a y a ti no os gustan las mismas cosas. Tu hermano, -a prefiere cosas de deporte y a ti, en cuanto al deporte, sólo te gusta montar a caballo.
Habla con él / ella.

¿Qué te parece si nos gastamos el dinero en … ?
Sería fantástico comprar …
Es mucho mejor …
No estoy de acuerdo porque …
¿No podríamos … ?

 ISBN 978-3-12-536906-1

16 EL REGALO

ROLLENKARTE B

¡Qué suerte! Este fin de semana habéis ido a visitar al abuelo. Tu abuelo vive en un pueblo al lado de la costa y no le veis mucho. Además, tiene dos caballos preciosos y los montáis siempre. Esta vez el abuelo celebra su 65 cumpleaños y hace una fiesta familiar. En la fiesta os ha regalado a ti y a tu hermano, -a 300 euros. Perfecto, porque tú tienes muchas ideas sobre qué comprar.
Tú querrías un equipo de escalar o algo para la bici … Te encantan todos los deportes.
El problema es que a tu hermano, -a y a ti no os gustan las mismas cosas. A tu hermano, -a le gustan los ordenadores y la música.
Habla con él / ella.

¿Qué te parece si nos gastamos el dinero en … ?
No piensas que necesitamos …
Sería mucho mejor …
No estoy de acuerdo porque …

 ISBN 978-3-12-536906-1

17 TRABAJO NUEVO
ROLLENKARTE A

Por fin llegaron las vacaciones de Navidad. Este año has pensado en trabajar como camarero, -a. Ahora se celebran muchas comidas y cenas y necesitan más gente en los restaurantes. Hoy a las 10:00 tienes una entrevista en un restaurante, al entrar en el local estás bastante nervioso, -a porque no tienes experiencia.
La entrevista es hecha por el jefe / la jefa del restaurante en la entrada.
El jefe / la jefa te hace algunas preguntas personales y después tú hablas sobre ti. Explicas que aprendes rápidamente, que te gusta mucho trabajar, que eres inteligente ...
Llevas preparando la entrevista tres días y esperas que todo salga bien. Tú mayor problema es que no tienes experiencia.
Habla con el jefe / la jefa.

Me encantaría tener este trabajo porque ...
Creo que soy la persona perfecta ya que ...
Aunque no tengo experiencia puedo ...
Soy muy bueno, -a en ...
Si me diera la posibilidad de mostrar ...

Klett

 ISBN 978-3-12-536906-1

17 TRABAJO NUEVO
ROLLENKARTE B

Estamos en Navidad, eres jefe / jefa de un restaurante y necesitas más camareros. Ahora se celebran muchas comidas y cenas. Si tuvieras más camareros, organizarías más comidas en Navidad. Y tú quieres ganar mucho dinero, claro. Hoy tienes a las 10:00 una entrevista con un chico / una chica en tu restaurante. Necesitas a alguien que sea listo, rápido y que, sobre todo, tenga experiencia. No tienes tiempo para explicar la profesión. La entrevista es hecha por ti en la entrada del restaurante, así puedes enseñárselo al chico / a la chica también. Al llegar te presentas y le ofreces algo de beber. Empiezas a hacer preguntas personales: cómo se llama, dónde vive, por qué quiere trabajar en el restaurante y si tiene experiencia. El problema es que el chico / la chica nunca había trabajado antes como camarero, -a. Pero te gusta y parece ser ideal. ¿Qué haces?

¿Por qué quiere trabajar como ... ?
¿Qué cualidades piensa usted que necesita ... ?
¿Y usted qué cualidades ... ?
Tiene que comprender que necesito a camareros con experiencia porque ...

Klett

 ISBN 978-3-12-536906-1

18 DÍA LIBRE
ROLLENKARTE A

Estamos a sábado y hoy vuestros padres os han dado el día libre. Podéis organizar el día tú y tu hermano, -a. ¿Qué podríais hacer? Hay muchas posibilidades.
Tú eres muy nervioso, -a y te gusta la acción. Te encanta el bosque, caminar por las montañas, correr, montar a caballo, escalar, el esquí ... Amas la naturaleza y prefieres estar al aire libre siempre. Si pudieras, vivirías en un camping.
Por la mañana te gustaría practicar un deporte, luego comer una pizza o una hamburguesa con patatas fritas y por la tarde ir a caminar por el bosque o a escalar.
Y cenaríais pollo para que el día termine bien.
Claro, el problema es tu hermano, -a que nunca está de acuerdo contigo. Seguro que tiene un plan superaburrido ...
Habla con él / ella.

¿Qué te parece si hacemos algo emocionante como ... ?
He pensado que podríamos ir ...
No tengo muchas ganas de ...
¿Por qué no ... ?
Mejor podríamos ...

Klett

 ISBN 978-3-12-536906-1

18 DÍA LIBRE
ROLLENKARTE B

Estamos a sábado y hoy vuestros padres os han dado el día libre. Podéis organizar el día tú y tu hermano, -a. ¿Qué podríais hacer? Hay muchas posibilidades.
Tú eres una persona muy tranquila, te gusta leer, escuchar música y sobre todo te encanta estar en casa navegando en Internet o con el ordenador. Si pudieras vivirías en tu habitación.
Te gustaría ir a una exposición de cómics por la mañana, luego comer una pizza o una hamburguesa con patatas fritas y por la tarde ir a ver una peli en 3D o ver una peli en casa y después jugar con el ordenador. Y por la noche cenaríais pollo para que el día termine bien.
Claro, el problema es tu hermano, -a que nunca está de acuerdo contigo. Seguro que tiene un plan superaburrido ...
Habla con él / ella.

¿Qué te parece si hacemos algo superinteresante como ... ?
Creo que podríamos ...
No me apetece mucho ir a ...
¿Por qué no ... ?
Sería genial si ...

Klett

 ISBN 978-3-12-536906-1

19 PROBLEMAS DE AMOR
ROLLENKARTE A

Hoy es viernes por la tarde y no tienes clase. Has quedado en una terraza con tu mejor amigo, -a para tomar un refresco. Al llegar al bar lo / la ves muy triste. Tú ya sabes que tiene problemas con su novia, -o. Te saluda y te cuenta que no entiende por qué, pero últimamente su novio, -a se comporta de un modo bastante raro. Apenas quedan y el último mes no lo / la has visto nada. ¿Qué pasará? Este fin de semana está en casa de sus tíos que viven en un pueblo a 50 km y volverá el lunes por la mañana.
Pero tú sabes que esa historia es mentira porque lo/la has visto hace dos horas tomando un café con alguien que no conocías.
¿Qué haces? Tú quieres ayudar a tu amigo, -a. ¿Le dirías lo que has visto?

Yo creo que debes hablar con él / ella y preguntar ...
A lo mejor hay algo que tú no sabes ...
Te tengo que contar ...
Te aconsejo que ...

 ISBN 978-3-12-536906-1

19 PROBLEMAS DE AMOR
ROLLENKARTE B

Hoy es viernes por la tarde y no tienes clase. Has quedado en una terraza con tu mejor amigo, -a para tomar un refresco. Estos últimos días estás muy preocupado, -a porque tu novio, -a se comporta de un modo muy raro. Ahora discutís mucho y apenas os veis. Antes hacíais muchas cosas juntos, ibais al cine, montabais en bici, paseabais por el bosque ... El último mes no lo / la has visto nada, sólo tres días y este fin de semana va a casa de sus tíos que viven en un pueblo a 50 km y volverá el lunes por la mañana. Si pudieras, lo / la irías a ver a casa de sus tíos, pero te ha dicho que prefiere estar solo, -a.
Tú quieres mucho a tu novio, -a, pero no sabes qué hacer y le cuentas el problema a tu amigo, -a.

Tengo un problema con ...
No entiendo qué está pasando porque ...
Últimamente apenas nos vemos y antes hacíamos ...

 ISBN 978-3-12-536906-1

20 BATERÍA NUEVA
ROLLENKARTE A

Eres músico, -a y tocas el saxo en un grupo de música que se llama «Los alemanes». En el grupo estáis cuatro personas: dos guitarras, tú con el saxo y una batería. Te lo pasas genial y, además, ya habéis tocado en dos salas de música y, lo mejor, en dos meses grabareis cinco canciones. El primer problema es que la batería está muy vieja y ya no suena bien, necesitáis urgentemente otra. El segundo problema es que no tenéis dinero y una batería es muy cara. Así que la única solución es conseguir dinero.
Al llegar de clase has llamado a tus amigos para que juntos discutáis el tema del dinero. Tú propones varias soluciones: tocar en la calle, porque todavía tenéis dos guitarras y un saxo, te gustaría que todo el grupo trabajara los fines de semana para conseguir rápidamente mucho dinero o también podríais ofrecer clases de música. Pero uno / una de tus amigos no está de acuerdo. Discute con él / ella.

Creo que lo mejor sería ...
Yo no creo que tu idea ...
Para conseguir dinero rápidamente podríamos ...

 ISBN 978-3-12-536906-1

20 BATERÍA NUEVA
ROLLENKARTE B

Eres músico, -a y tocas la guitarra en un grupo de música que se llama «Los alemanes». En el grupo sois cuatro personas: dos guitarras, un saxo y una batería. Te lo pasas genial y, además, ya habéis tocado en dos salas de música y, lo mejor, en dos meses grabareis cinco canciones. El primer problema es que la batería está muy vieja y ya no suena bien, necesitáis urgentemente otra. El segundo problema es que no tenéis dinero y una batería es muy cara. Así que la única solución es conseguir dinero. Al llegar de clase te han llamado para que juntos discutáis el tema del dinero. Tú propones varias soluciones: pedir dinero a vuestros padres o reunir entre todos dinero ahorrado. Tú no puedes ni quieres trabajar porque tienes muchos problemas en el instituto con las Matemáticas y tienes que estudiar. Si no apruebas tus padres se van a enfadar muchísimo y no te dejarán tocar más en el grupo. Pero uno / una de tus amigos no está de acuerdo. Discute con él / ella.

He pensado que deberíamos ...
Yo no puedo trabajar porque ...
Es más fácil conseguir el dinero si todos ...

 ISBN 978-3-12-536906-1

21 EN MADRID
ROLLENKARTE A

Te has ido con tu novio, -a un fin de semana a Madrid. Madrid os encanta porque es una ciudad fantástica, es grandísima y puedes hacer mil cosas.
Tú habías pensado en un fin de semana tranquilo, ver algunas exposiciones de cómics o de arte moderno, pasear por la ciudad. Hay un parque que se llama «El Retiro» que es muy bonito y donde también hay un estanque, y allí tu novio, -a y tú podríais alquilar una barca. Después te gustaría que fuerais al cine porque también quieres practicar tu español, claro. Es decir, habías organizado un fin de semana romántico para vosotros dos.
Pero tu novio, -a tiene otra idea ...
Habla con él / ella.

¿Por qué no vamos a ... ?
¿Te gustaría visitar ... ?
Yo creo que mejor vamos a ...
No tengo muchas ganas de ...

 ISBN 978-3-12-536906-1

21 EN MADRID
ROLLENKARTE B

Te has ido con tu novio, -a un fin de semana a Madrid. Madrid os encanta porque es una ciudad fantástica, es grandísima y puedes hacer mil cosas.
Tú habías pensado en un fin de semana lleno de actividades: ir a conciertos de música al aire libre, ver teatro en la calle, salir por la noche de fiesta ... Madrid tiene muchas posibilidades y tú también quieres conocer gente para que vosotros practiquéis el español.
Es decir, quieres un fin de semana dinámico, divertido y con mucha gente para disfrutar la ciudad.
Pero tu novio, -a tiene otra idea ...
Habla con él / ella.

Mi plan es mucho mejor, escucha ...
¿Te gustaría ir a ... ?
¿Por qué no ... ?
Estamos en Madrid, por eso ...
Tu plan no me gusta mucho porque ...

 ISBN 978-3-12-536906-1

22 MI GRAN FIESTA
ROLLENKARTE A

En una semana es tu cumpleaños, ¡qué ganas tienes! Durante meses habías soñado con este momento.
Vas a cumplir 18 años y te gustaría que todos tus amigos celebraran contigo este día.
Por eso quieres organizar una barbacoa en casa. En tu casa tenéis un pequeño jardín y el salón es muy grande. Habías hecho una lista con tus mejores amigos, más o menos 15 personas, pero hoy te han llamado algunos amigos y vendrán a la fiesta 25.
Necesitarás el equipo de música en el jardín, bebidas, colas, fantas y, claro, comida, carne y a lo mejor patatas fritas.También hay que comprar platos, vasos ... todo de plástico porque no quieres limpiar nada. Pero al hablar con tu padre / madre te dice que es imposible, que sois demasiadas personas para estar en casa y que sólo pueden venir 10 personas.
¿Está loco, -a? ¡Es tu fiesta de cumpleaños y todo el mundo quiere venir! Tienes que hablar con él / ella.

Es la fiesta más importante y ...
¿No es posible que ... ?
Sólo será esta vez y prometo ayudar ...
Vosotros no tendréis que hacer nada, yo ...

 ISBN 978-3-12-536906-1

22 MI GRAN FIESTA
ROLLENKARTE B

Eres el padre / la madre de un chico / una chica que cumplirá 18 años y ha organizado una fiesta de cumpleaños grandísima.
Quiere hacer una barbacoa en el jardín de tu casa. El jardín no es muy grande, pero el salón sí. Con música en el jardín puede ser una buena idea.
Ayer te dio la lista de la compra, bebidas, colas, fantas y, claro, comida, carne y a lo mejor patatas fritas.
También hay que comprar platos, vasos ...
Tú le dijiste que era demasiado pero él / ella te contestó que en la fiesta habría 25 personas. ¡¡¡Qué!!!
No puede ser. La casa no es muy grande y una fiesta con música para tanta gente es demasiado. Es imposible, como máximo sólo podrán venir diez personas.
Y después, ¿quién limpiará la casa?
Tu hijo / hija y tú discutís el problema

Es imposible, nuestra casa no es ...
Luego hay que limpiar ... y tú nunca ...
¿Y qué crees que dirán los vecinos cuando ... ?
¿Por qué no invitas ... ?

 ISBN 978-3-12-536906-1

23 BIENVENIDOS A ANDALUCÍA A
ROLLENKARTE

Estás con un grupo de amigos en Andalucía, en la costa de Málaga. Sois cuatro y habéis llegado hace una hora al pueblo donde os quedareis tres días.
Es genial, hace buen tiempo, las playas son preciosas y hay mucha gente joven de muchos países: americanos, italianos, daneses, argentinos … Os vais a divertir muchísimo. Pero ahora necesitáis un lugar para dormir. Queréis daros una ducha, pero sobre todo tenéis mucha hambre. Tú crees que un camping es la mejor idea, un camping que esté cerca de la playa. Además, en el camping siempre hay mucha gente de distintos sitios y es muy fácil hacer amigos. Tiene algunas desventajas, claro, pero también es barato y tú no tienes mucho dinero. Perfecto. El problema es que a uno / una de tus amigos no le gusta nada ir de camping. Dice que es sucio, se duerme mal, las duchas son horribles … Habla con él / ella.

¿Qué os parece si dormimos en … ?
Así podremos conocer …
La pensión tiene muchas desventajas como …
mientras que en el
camping se puede …
Si eligiéramos el camping …

Klett

 ISBN 978-3-12-536906-1

23 BIENVENIDOS A ANDALUCÍA B
ROLLENKARTE

Estás con un grupo de amigos en Andalucía, en la costa de Málaga. Sois cuatro y habéis llegado hace una hora al pueblo donde os quedareis tres días.
Es genial, hace buen tiempo, las playas son preciosas y hay mucha gente joven de muchos países: americanos, italianos, daneses, argentinos … Os vais a divertir muchísimo.
Pero ahora necesitáis un lugar para dormir. Queréis daros una ducha pero sobre todo tenéis mucha hambre. Tú crees que una pensión es la mejor idea, una pensión que esté en el centro del pueblo, así tenéis supermercados y tiendas muy cerca y, claro, estaréis también cerca de los bares y discotecas.
Pero uno / una de tus amigos quiere ir a un camping, y tú odias el camping. Dice que en la pensión estaréis solos, que no conoceréis a nadie, que la playa está muy lejos … Habla con él / ella.

¿Por qué no dormimos en … ?
Así estaremos cerca de …
En el camping siempre hay problemas porque …
mientras que en la pensión podemos …
Si eligiéramos la pensión …

Klett

 ISBN 978-3-12-536906-1

24 NECESITAMOS DINERO A
ROLLENKARTE

Este año para el viaje de fin de curso queréis recaudar bastante dinero porque habéis pensado en ir a Barcelona. Barcelona es una ciudad genial, pero muy cara: la catedral de Gaudí, el museo de Picasso … todo cuesta dinero y ahora, al empezar el curso, no tenéis mucho. Sois veinte en clase y os habéis reunido para discutir ideas sobre qué hacer. En un mes es la fiesta del colegio y podréis aprovechar la ocasión para organizar algo. Tú propones que toda la clase realice una obra de teatro o actuaciones de mimo, también podéis proyectar una peli y así cobraréis una entrada.
Seguro que todos quieren venir, sois muy buenos, por supuesto. Te encantaría que hicierais una obra de teatro todos juntos y, además, sería muy divertido.
El problema es que sólo sois 20 y no podéis hacer más de tres actividades. Ahora discutes con tu compañero, -a sobre las actividades para hacer y, claro, para ti tus ideas son las mejores.

Yo propongo que todos juntos …
Creo que tu idea de … no es muy buena porque …
Piensa que si hacemos …

Klett

 ISBN 978-3-12-536906-1

24 NECESITAMOS DINERO B
ROLLENKARTE

Este año para el viaje de fin de curso queréis recaudar bastante dinero porque habéis pensado en ir a Barcelona. Barcelona es una ciudad genial, pero muy cara: la catedral de Gaudí, el museo de Picasso … todo cuesta dinero y ahora, al empezar el curso, no tenéis mucho. Sois veinte en clase y os habéis reunido para discutir ideas sobre qué hacer. En un mes es la fiesta del colegio y podréis aprovechar la ocasión para organizar algo. Tú propones que toda la clase realice juegos al aire libre con los demás alumnos y los padres, también podéis vender comida y bebidas, pintar camisetas artísticas … y así ganar bastante dinero. El problema es que sólo sois 20 y no podéis hacer más de tres actividades. Ahora discutes con tu compañero, -a sobre las actividades para hacer y, claro, para ti tus ideas son las mejores.

Yo creo que ganaríamos mucho dinero si …
Pienso que mi idea de … es mejor porque …
Lo mejor sería …

Klett

 ISBN 978-3-12-536906-1

1 UN PROYECTO ECOLÓGICO
DISKUSSIONSKARTE A

En un país con territorio en la selva amazónica y grandes reservas de petróleo en esas zonas se ha hecho la siguiente propuesta: No extraerán el petróleo si organizaciones internacionales como el Fondo Monetario Internacional les dan unos créditos muy favorables. De esa manera el país tendría los ingresos necesarios y también podría aportar a la protección del clima y del medio ambiente invirtiendo parte del dinero en proyectos ecológicos y de desarrollo social.

PRO

Elige uno de los siguientes papeles:

1. **Una mujer indígena de una etnia que vive en la selva, muy apartada de la sociedad moderna.**
2. **Un profesor de la universidad más importante de aquel país que estudia tanto los cambios climáticos globales como la biodiversidad en la selva amazónica.**
3. **El ministro de economía que ha desarrollado y propuesto el proyecto.**

Klett

 ISBN 978-3-12-536906-1

1 UN PROYECTO ECOLÓGICO
DISKUSSIONSKARTE B

En un país con territorio en la selva amazónica y grandes reservas de petróleo en esas zonas se ha hecho la siguiente propuesta: No extraerán el petróleo si organizaciones internacionales como el Fondo Monetario Internacional les dan unos créditos muy favorables. De esa manera el país tendría los ingresos necesarios y también podría aportar a la protección del clima y del medio ambiente invirtiendo parte del dinero en proyectos ecológicos y de desarrollo social.

CONTRA

Elige uno de los siguientes papeles:

1. **Un representante del Fondo Monetario Internacional.**
2. **El director de una de las petroleras más presentes en aquel país.**
3. **El presidente del país que ve en peligro la soberanía del país si los créditos concedidos quedan en manos de organizaciones internacionales.**

Klett

 ISBN 978-3-12-536906-1

2 INMIGRACIÓN
DISKUSSIONSKARTE A

La situación de los inmigrantes ilegales en España es desfavorable en muchos sentidos. Imagínate que el gobierno español propone legalizar a todos los inmigrantes latinoamericanos que ya se encuentran en el país más de un año, pero a la vez quiere cerrar las fronteras a cualquier latino que quiera ingresar a partir de ahora.

PRO

Elige uno de los siguientes papeles:

1. **Un joven ingeniero español que está desempleado desde hace más de tres años.**
2. **La directora de una organización de derechos de la mujer.**
3. **Un inmigrante marroquí que observa que los inmigrantes latinoamericanos últimamente ocupan puestos que tradicionalmente ocupaban los inmigrantes norteafricanos.**

Klett

 ISBN 978-3-12-536906-1

2 INMIGRACIÓN
DISKUSSIONSKARTE B

La situación de los inmigrantes ilegales en España es desfavorable en muchos sentidos. Imagínate que el gobierno español propone legalizar a todos los inmigrantes latinoamericanos que ya se encuentran en el país más de un año, pero a la vez quiere cerrar las fronteras a cualquier latino que quiera ingresar a partir de ahora.

CONTRA

Elige uno de los siguientes papeles:

1. **Un venezolano que vive y trabaja en España desde hace más de un año; este verano quiere traer a su mujer y a sus dos hijos.**
2. **El dueño de una cadena de hoteles; muchos inmigrantes trabajan en el sector de servicio y no reciben un sueldo tan alto como los españoles.**
3. **Una profesora de historia que subraya la responsabilidad que tiene España con la gente de sus ex-colonias.**

Klett

 ISBN 978-3-12-536906-1

3 EL CONSUMO DE DROGAS
DISKUSSIONSKARTE A

La marihuana es una planta medicinal que tiene efectos muy positivos para las personas que sufren los síntomas de ciertas enfermedades. El riesgo de adicción no es tan alto como el de otras drogas. A la vez el consumo de marihuana a veces es sólo el primer paso en el uso de drogas de muchos tipos. Imagínate que el gobierno español quiere aprobar una nueva ley que permite el consumo de la marihuana.

PRO

Elige uno de los siguientes papeles:

1. **Un médico que lucha por la posibilidad de usar la marihuana como medicación legal en determinados casos como por ejemplo el cáncer.**
2. **Una jóven que estudia derecho y que fuma porros en su tiempo libre para pasárselo bien con sus amigos.**
3. **Un policía que sabe que la legalización de la marihuana terminaría con el enriquecimiento de los criminales que organizan el narcotráfico y se benefician de él.**

Klett

 ISBN 978-3-12-536906-1

3 EL CONSUMO DE DROGAS
DISKUSSIONSKARTE B

La marihuana es una planta medicinal que tiene efectos muy positivos para las personas que sufren los síntomas de ciertas enfermedades. El riesgo de adicción no es tan alto como el de otras drogas. A la vez el consumo de marihuana a veces es sólo el primer paso en el uso de drogas de muchos tipos. Imagínate que el gobierno español quiere aprobar una nueva ley que permite el consumo de la marihuana.

CONTRA

Elige uno de los siguientes papeles:

1. **El padre de una chica de 15 años que lucha contra problemas de drogas de todo tipo.**
2. **Una trabajadora social que sabe que para muchos la marihuana es solamente el primer paso hacia el consumo de drogas duras.**
3. **Un representante de la iglesia católica que por su fe rechaza cualquier tipo de consumo de drogas.**

Klett

 ISBN 978-3-12-536906-1

4 RELIGIÓN Y EDUCACIÓN
DISKUSSIONSKARTE A

Una familia española no permite que su hija vaya a ningún colegio público ni privado. Los padres por razones de religión prefieren dar clases a su hija en casa. Creen que la influencia de los otros jóvenes y de los profesores representa un peligro para su hija.
Como las leyes españolas no permiten enseñar a sus propios hijos en casa, piensan emigrar a los E.E.U.U.

PRO

Elige uno de los siguientes papeles:

1. **La madre de un compañero de curso de la chica que piensa que son los padres los que tienen el derecho de tomar todas las decisiones con relación a sus hijos.**
2. **Un jubilado que había sido el director de un colegio durante más de veinte años y que piensa que hay que buscar soluciones individuales para cada caso.**
3. **Un estadunidense para el cual es increíble que en algunos países de europa el estado quiera determinar cómo los padres deben criar a sus hijos.**

Klett

 ISBN 978-3-12-536906-1

4 RELIGIÓN Y EDUCACIÓN
DISKUSSIONSKARTE B

Una familia española no permite que su hija vaya a ningún colegio público ni privado. Los padres por razones de religión prefieren dar clases a su hija en casa. Creen que la influencia de los otros jóvenes y de los profesores representa un peligro para su hija.
Como las leyes españolas no permiten enseñar a sus propios hijos en casa, piensan emigrar a los E.E.U.U.

CONTRA

Elige uno de los siguientes papeles:

1. **Un padre de la parroquía en la cual se encuentra el colegio de la chica en cuestión.**
2 **Un señor musulmán que también tiene ciertos problemas con la forma de educar a los jóvenes en el colegio público de sus tres hijos.**
3. **Una periodista que se ha especializado en los asuntos educativos en España.**

Klett

 ISBN 978-3-12-536906-1